Sautreau

Un peuple à genoux 2016

Un peuple à genoux 2016

ÉCRIT ET COLLIGÉ PAR

Laurent Aglat, Normand Baillargeon,
Philippe-Olivier Boucher, Kim Doré,
Fred Dubé, Martin Forgues,
Andréanne et Gaëlle Graton,
François Guerrette, Maxime Nadeau,
Jean-François Poupart, Chantale Santerre,
Ghislain Taschereau et Ouanessa Younsi

ESSAI
LIBRE

Les Éditions Poètes de brousse bénéficient
du soutien financier du Conseil des Arts du Canada.

 Conseil des Arts **Canada Council**
du Canada **for the Arts**

LES ÉDITIONS POÈTES DE BROUSSE
3605, rue de Bullion
Montréal (Québec)
H2X 3A2
Téléphone : 514 289-9452
www.poetesdebrousse.org

DISTRIBUTION
Diffusion Dimedia inc.
539, boulevard Lebeau
Montréal (Québec)
H4N 1S2
Téléphone : 514 336-3941

DISTRIBUTION EN EUROPE
Diffusion Paris-Montréal
102, rue des Berchères
Pontault Combault
77340 France
Téléphone : 01.60.02.97.23

Maquette de la couverture et mise en pages
Turcotte design

Illustration de la couverture
Ben Tardif

Dépôt légal 4e trimestre 2016
Bibliothèque et Archives nationales du Québec
Bibliothèque et Archives Canada

ISBN 978-2-924671-04-7

Un peuple à genoux 2016

*L'humanité est une suite discontinue d'hommes libres
qu'isole irrémédiablement leur subjectivité.*
SIMONE DE BEAUVOIR

Je hais les victimes qui respectent leurs bourreaux.
JEAN-PAUL SARTRE

CETTE ANNÉE, comme pour les années précédentes,
Un peuple à genoux rassemble des voix bigarrées.
L'édition 2016 est l'œuvre de trois professeurs –
en éducation, en littérature, en économie –, d'un
musicien, d'un spécialiste en environnement à la
Ville de Montréal, d'un ancien militaire converti
au journalisme indépendant, de deux étudiantes
au baccalauréat en sociologie, d'un humoriste,
d'un romancier et réalisateur, d'une éditrice, d'un
libraire, d'une psychiatre et d'un poète. D'horizons

différents et d'allégeances politiques diverses, souvent inconnues, ils et elles se rencontrent ici dans une zone neutre, mais commune : l'indignation. Ce sentiment de colère devant l'injustice s'abreuve aux faits, aux chiffres, mais surtout à l'humanité même tapie en chacun d'entre nous, chaque fois qu'une situation précise outrepasse la dignité de toutes les vies humaines sans aucune distinction. Nous sommes indignés parce que nous croyons en l'égalité des chances et que cette égalité n'existe pas. Ne rien dire, ce serait cautionner les abus de pouvoir, les détournements du bien public vers des intérêts privés, les vols répétés commis par les gouvernements, par le pouvoir élu, trop souvent corrompu d'avance.

Cette année, *Un peuple à genoux* a failli s'appeler *Chroniques du citoyen crossé*, mais, lors de notre assemblée de cuisine (!) annuelle, les plus turbulents furent rappelés à l'ordre. L'atomisation des points de vue et l'élagage des colères ne constituent pas une vérité, mais peuvent s'en approcher. À l'ère de la chronique et de l'opinion, le cumul des subjectivités esquisse parfois, sur la base de notre meilleure volonté, le squelette d'un horizon commun. Ce que vous allez lire ici, les faits documentés, les chiffres et leurs sources, sont aussi exacts que peuvent l'être nos médias les plus sûrs. C'est peu dire, mais pour les indignés c'est déjà mieux qu'une firme de sondage. Les issues de secours proposées, vous le constaterez, sont disparates, au mieux bienveillantes, au pire intransigeantes. Nous en sommes là. Nous avons perdu le centre. Les détracteurs du baroquisme accusaient aussi ses artistes de ne pas respecter le point de fuite, l'unité picturale, celle qui gardait Dieu bien vivant au centre de l'œuvre, de toute œuvre.

Cette année, *Un peuple à genoux* a recensé des centaines de cas d'espèce où le citoyen, ou un groupe ciblé de citoyens, furent abusés par leurs maîtres : le gouvernement libéral, ses argentiers, ses corporations, les médias, les banques, les concours de beauté, la police, le colonialisme, le sexisme, les industries lourdes de conséquences, le pétrole-qui-tue-tout, le Capital et son vomi d'illusions pour dire que tout ira mieux demain... Nous allons mal. L'indifférence, proche parente de la cruauté, s'infiltre dans toutes les sphères de notre existence. Il y a pourtant des évidences, *elephant in the room*, éléphants dans nos ventres, dont nous devrions pouvoir attester la grossièreté. Les impôts, les taxes, représentent l'argent que nous donnons au gouvernement pour que celui-ci en dispose intelligemment, avec notre confiance, afin de maintenir ou d'améliorer le sort de ses donateurs et de leurs enfants. Les données collectées ici montrent qu'il n'en est rien. On nous vole, on nous ment, on nous gave. Reste l'argent pour toute chose et surtout pour oublier que nous avons déjà été humains.

Cette année, *Un peuple à genoux* met de côté la sollicitude, la remontrance de connivence, l'appel au bon sens. Nous sommes quatorze humains venus de mille niches et pour qui la lutte est obligatoire. Il y en a tant d'autres. Vous en êtes peut-être. Restons toujours debout.

ENVIRONNEMENT :
LE MUR QUI NOUS ATTEND

Les forêts précèdent les hommes, les déserts les suivent.
CHATEAUBRIAND

APRÈS LE DÉVELOPPEMENT DURABLE, la responsabilité sociale et la gouvernance, voici venu le temps de l'acceptabilité sociale, expression par excellence de l'année 2016 en matière environnementale. Elle sort *ad nauseam* de la bouche de nos politiciens lorsque vient le temps de promouvoir différents projets qui ont un impact sur notre environnement. Il semble y avoir consensus sur le fait qu'il n'existe aucune définition formelle de l'acceptabilité sociale. Le concept est malléable et semble changer au gré des projets et des enjeux. À la fin de 2015, le gouvernement libéral déclarait : « Notre gouvernement est convaincu que la pérennité des projets de mise en valeur de nos ressources naturelles passe par la prise en compte de leur acceptabilité sociale. » Afin de donner un véritable sens à l'acceptabilité sociale, les communautés doivent pouvoir rejeter les projets qui leur sont proposés en matière d'exploitation du territoire et des ressources naturelles[1].

En suivant cette logique, nous devrions pouvoir dire non à l'exploration et l'exploitation à Anticosti, au projet Énergie Est et aux différents chantiers gaziers en Gaspésie, puisque ces propositions sont décriées par une majorité de la population québécoise (groupes citoyens, Autochtones, municipalités, groupes environnementalistes, etc.). Évidemment, les gens de l'industrie, des chambres de commerce, du Conseil du patronat, et j'en passe, sont tous en faveur de ces projets qui produisent de la richesse à court terme, avec, en plus, des subventions, des réductions de taxes et autres avantages fiscaux. Toutefois, à long terme, l'endettement écologique ne semble pas peser très lourd dans la balance, et est-il même seulement considéré ?

De toute façon, le gouvernement Couillard précise bien que l'acceptabilité sociale « ne signifie pas unanimité » et que « c'est au gouvernement qu'il appartient de déterminer les conditions d'autorisation d'un projet[2] ». Vu la consanguinité entre les libéraux, les lobbies et l'industrie, nous sommes pour le moins mal pris !

Il serait donc plus approprié d'avancer que l'acceptabilité sociale est une tactique politique à géométrie variable visant à nous faire avaler de force des projets qui n'ont aucun sens. Ou serait-ce plutôt un thermomètre destiné à jauger la température, anale il va sans dire, de la population et à permettre d'attendre le degré parfait « d'acceptabilité sociale » ?

Le leitmotiv ânonné par nos gouvernements afin de promouvoir positivement tous les projets douteux sur le plan environnemental tourne toujours autour des emplois et de l'économie, des investissements et des retombées financières... C'est à croire que la seule raison d'être des gouvernements est de servir de courroie de transmission pour un moteur économique contrôlé par des compagnies avides de profits.

Et si c'était le cas ? En détruisant par la base nos assises sociales chèrement acquises, en effritant notre tissu social, en sabrant dans nos services sociaux au nom de l'équilibre budgétaire, serait-il possible que les libéraux favorisent une mécanique qui suscitera la pauvreté, le désœuvrement et l'iniquité sociale ? Pour faire en sorte que la création d'un emploi, la construction d'une mine en plein village ou encore le passage d'un oléoduc dans nos sources d'eau potable soient perçus comme des projets qui amélioreront nos conditions, fût-ce au détriment de notre environnement ? En suivant cette logique, qui serait prêt à juger l'homme qui couperait le dernier arbre d'une forêt pour réchauffer sa famille ou celui qui pêcherait le dernier poisson d'un lac parce qu'il n'aurait rien d'autre à manger ?

Les quelques « scabreusités » recensées ici ne constituent qu'un survol des non-sens environnementaux de l'année 2016 qui jutent dans l'acceptabilité sociale et qui constituent une suite logique de la mainmise sur nos ressources, sur notre eau, sur notre air et sur notre pays par une clique de magouilleurs, de véreux et de malhonnêtes.

CONSANGUINITÉ LIBÉRALE

En janvier 2016, les libéraux préparent un cocktail privé afin de présenter la nouvelle politique énergétique du Québec pour la période 2016-2025. Cette rencontre privée est organisée conjointement par le cabinet d'avocats Lavery et par Hatley Conseillers en stratégie. Le cabinet d'avocats Lavery fait des dossiers énergétiques sa spécialité. Ce cabinet compte comme membre un certain Pierre Marc Johnson, ancien premier ministre d'un gouvernement du Parti québécois. Qui plus est, ce cabinet est l'ancien milieu de travail de notre cher ministre de l'Environnement, David Heurtel. Pour ajouter l'insulte à l'injure, la fondatrice de Hatley Conseillers en stratégie n'est nulle autre que Marie-Claude Johnson, fille de Pierre Marc ; attachée politique des anciens ministres libéraux Raymond Bachand et Monique Jérôme-Forget, elle a déjà été lobbyiste des compagnies minières et gazières.

Elle occupe maintenant un poste de lobbyiste pour l'Association québécoise des lobbyistes (eh oui, ça existe!). Pour terminer, oui, il y en a encore plus : un ancien de Hatley et ex-lobbyiste pour l'entreprise d'exploration minière Minéraux rares Quest, Alexis Landreville-Arbour, est aujourd'hui conseiller économique de Philippe Couillard [3].

* * *

Au début de l'année 2016, Jean Charest se fait rabrouer par Justin Trudeau pour avoir enfreint les lois du lobbying du Canada en proposant une rencontre pour discuter ou vendre, c'est selon, l'admirable projet porteur d'avenir qu'est Énergie Est. La consanguinité entre libéraux n'est plus à prouver : l'attaché de presse de l'une qui devient lobbyiste de l'autre, l'ancien membre influent libéral qui est maintenant lobbyiste pour la compagnie... Du bon *business as usual*, comme on dit [4].

* * *

Le coprésident de campagne de Trudeau fils, Daniel Gagné, s'est fait prendre les culottes à terre à divulguer des informations sensibles à TransCanada pipeline avant l'élection de Justin à Ottawa et il a ainsi été forcé de démissionner [5].

* * *

Afin d'augmenter l'acceptabilité sociale d'Énergie Est aux yeux des municipalités, TransCanada pipeline embauche Richard Brosseau comme conseiller spécialisé. Le CV de M. Brosseau : candidat libéral aux élections de 2003, chef de cabinet adjoint de Nathalie Normandeau lorsqu'elle était ministre des Ressources naturelles, et conseiller spécial au cabinet de Jean Charest[6].

* * *

Consanguinité, quand tu nous tiens ! Difficile de croire que les libéraux ne sont pas tous pris avec des problèmes héréditaires... Et si c'était le cas ?

LA SAGA DE L'AUDIENCE PUBLIQUE SUR LE PROJET D'OLÉODUC D'ÉNERGIE EST ET LE LOBBYING LIBÉRAL

L'Office national de l'énergie (ONÉ) a décidé d'avoir recours aux audiences publiques pour le projet de TransCanada pipeline : Énergie Est ; qui, doit-on le rappeler, consiste en la construction d'un oléoduc d'environ 4 500 kilomètres traversant six provinces du Canada (de l'Alberta au Nouveau-Brunswick), chevauchant un peu plus de 800 cours d'eau au Québec seulement et ayant comme objectif de transporter 1,1 million de barils de pétrole par jour. Qui plus est, ce pétrole proviendrait des sables bitumineux, qui sont catégorisés comme du pétrole sale, si une telle expression a du sens pour certains.

Nous en sommes donc rendus aux audiences publiques du projet d'oléoduc d'Énergie Est. Des informations obtenues grâce à la Loi sur l'accès à l'information veulent que notre cher ex-premier ministre libéral, l'honorable Jean Charest, encore lui, aurait rencontré deux des trois commissaires mandatés pour étudier le projet Énergie Est, ainsi que le président de l'ONÉ, Peter Watson[7]. S'ensuit une escalade mythomaniaque : une telle rencontre n'a jamais eu lieu, je vous le jure... euh... d'accord, cette rencontre a eu lieu, mais le sujet d'Énergie Est n'a pas été à l'ordre du jour ni abordé... oups, la rencontre était essentiellement axée sur ce sujet et, oui, nous en avons parlé, mais les commissaires sont quand même impartiaux quant à leur vision du projet[8].

* * *

Finalement, en septembre 2016, l'ensemble du panel de l'ONÉ pour les audiences publiques sera remplacé : « Il est possible que notre participation à ces réunions ait semé un doute quant à notre capacité de poursuivre [...] l'exercice de nos fonctions de président et de vice-présidente en ce qui concerne Énergie Est », reconnaissent Peter Watson et Lyne Mercier. Ils ont quand même le culot d'affirmer que cette rencontre « n'aurait jamais eu lieu si nous avions su que M. Charest était à l'époque consultant pour TransCanada », soutient pour sa part le commissaire Gauthier[9]. Franchement ! C'est vraiment nous prendre pour des imbéciles !

* * *

Il est fort intéressant de scruter le *curriculum vitae* de certains membres de l'ONÉ, qui est « un organisme de réglementation du secteur énergétique au Canada, notamment en matière de sécurité ». Son président et premier dirigeant, Peter Watson, fut sous-ministre au ministère de l'Énergie du gouvernement de l'Alberta de 2008 à 2011 et sous-ministre au ministère de l'Environnement de ce même gouvernement de 2005 à 2008, sous l'égide du Parti progressiste-conservateur, reconnu pour sa grande fibre environnementale ! Quant à sa vice-présidente, Lyne Mercier, elle a été élue à l'ONÉ après 29 années de loyaux services chez Gaz Métro, où elle était directrice de la division de l'approvisionnement en gaz, responsable de la politique stratégique d'approvisionnement en gaz naturel, et gestionnaire du transport du gaz naturel. Finalement, Jacques Gauthier est l'ancien président et chef de la direction de LVM Inc., branche de Dessau, firme de génie-conseil écorchée et même complètement défigurée par la commission Charbonneau, et qui a été vendue depuis à une compagnie albertaine, comme quoi tout est dans tout, comme on dit [10] !

LE LOUP QUI SURVEILLE LA BERGERIE

Depuis l'abolition des agences environnementales par le gouvernement Harper, l'ONÉ s'est retrouvé avec la responsabilité de surveiller les oléoducs sur le territoire canadien. Comme cet organisme est peu outillé et probablement acoquiné avec l'industrie, comme en font preuve certaines dérives, il en découle un énorme laxisme sur le plan de la surveillance. La situation est telle que, la plupart du temps, l'industrie du transport de pétrole par oléoduc dicte elle-même les normes, les procédures et les façons de faire de l'industrie, faute d'expertise gouvernementale. Donc, des compagnies comme Enbridge et TransCanada pipeline dictent les lois qui devraient les régir [11].

* * *

Pas étonnant que l'on voie apparaître des situations comme la technique de la plaque roulée, que préconise TransCanada pipeline pour ses oléoducs. Cette technique consiste à rouler une plaque de métal afin de lui donner la forme d'un cylindre, pour ensuite effectuer une soudure au centre, et ce, tout le long du tuyau [12]. Ce qui représente évidemment un point faible qui s'étend sur des kilomètres ; ou encore la présence de milliers de pièces contenant potentiellement « des matériaux aux propriétés de qualité inférieure » dans les différents oléoducs et gazoducs de TransCanada pipeline. Ces « faiblesses » des tuyaux peuvent avoir des conséquences terribles, comme les 16,5 millions de mètres cubes de gaz naturel qui se sont échappés du gazoduc North Central Corridor de TransCanada pipeline au sud-ouest de Fort McMurray en 2013 [13].

De l'argent bien investi

Le gouvernement du Québec a mis sur pied un programme visant la réduction des gaz à effet de serre de la Belle Province : le programme ÉcoPerformance. En janvier 2016, nous apprenons que le gouvernement Couillard a accordé une subvention de 1,7 million de dollars au géant pétrolier albertain Suncor ! Une toute petite entreprise qui a bien besoin de notre argent pour améliorer ses performances environnementales. Lors du classement 2015 du magazine Forbes des plus grandes entreprises de la planète, Suncor se classait en 317ᵉ position, avec des revenus de 36,6 milliards de dollars[14]. Évidemment, le tout est justifié car, selon le ministre Arcand : « Ce sont des programmes [balisés], donc nous ne faisons pas de discrimination par rapport aux entreprises. Est-ce qu'elles sont riches ? Est-ce qu'elles sont pauvres ? Ce sont les fonctionnaires qui reçoivent les propositions et qui ont des critères afin de décider[15]. »

* * *

Le bureau de l'Assemblée nationale du Québec a révélé que des sommes d'argent émanant du Fonds vert avaient été investies un peu n'importe où. Quelques exemples croustillants ? Pensons aux six millions de dollars versés par le gouvernement Charest en 2011 au projet d'oléoduc d'Ultramar-Valero entre Montréal et Lévis ou encore aux 800 000 $ consentis en 2013 par le gouvernement Marois à la compagnie Services pétroliers Chibougamau pour la construction d'un dépôt pétrolier souterrain, d'une rampe de chargement de camions, d'une desserte ferroviaire et d'un entrepôt de lubrifiant[16,17].

* * *

Nous en sommes au point où nos gouvernements proposent dans leur budget des « investissements » dans l'économie du Nord en injectant des millions, 620 pour être exact, dans la restauration des sites miniers abandonnés. Notre argent est ainsi supposément investi dans nos régions pour stimuler l'économie des laissés-pour-compte, car trop loin de nos centres décisionnels gérés par nos deux Napoléons nationaux (Coderre & Labeaume). Le gouvernement Couillard injecte de l'argent pour, dit-il, favoriser l'économie du Nord. Nous devrions plutôt affirmer que c'est un remboursement de dette écologique pour un prêt à long terme, un prêt que nous n'avons pas contracté, mais que nous avons consenti à faire... Nous payons donc les intérêts sur des deniers publics que nous avons passés à des compagnies[18]. J'aimerais bien que ma banque paie les intérêts de mon prêt hypothécaire !

* * *

En juillet 2016, le ministre délégué aux Affaires maritimes, Jean D'Amour, a confirmé l'intention de Québec d'injecter 125 000 $ dans la création d'un comité local pour œuvrer à un développement industrialo-portuaire à Cacouna, la ville même qui est devenue un symbole de la lutte contre le projet Énergie Est. La zone maritime du port de Cacouna renferme l'habitat du béluga du Saint-Laurent, habitat qui sera désormais protégé par un arrêt ministériel d'Ottawa datant du mois de mai 2016, soit à peine deux mois avant la décision de Québec[19]. Pour accepter un projet que même une compagnie comme TransCanada Pipeline a mis de côté, notre gouvernement ne peut que manquer de jugement… ou tout simplement être aussi dénué de scrupules qu'une compagnie privée avide de profits.

Un gouvernement sans scrupule

Par la voix du ministre des Forêts, de la Faune et des Parcs, Laurent Lessard, le gouvernement Couillard déclare la guerre à Greenpeace en accusant cet organisme de faire de la désinformation. Rien de moins. Donc, les données universitaires et les statistiques compilées par des organismes spécialisés en conservation des milieux naturels et en aires protégées disent des âneries, parce que le Québec aurait supposément l'un des régimes forestiers les plus sévères du monde. Mettre aux enchères nos forêts vierges pour aussi peu que 0,35 ¢ l'arbre, cela relève de conditions restrictives[20].

* * *

De toute façon, les libéraux aiment beaucoup mieux organiser des rencontres avec leurs petits amis du parti, comme en font foi les 49 rencontres de Laurent Lessard, alors ministre des Forêts, de la Faune et des Parcs, avec les représentants de l'industrie, et ce, pour l'année 2015 uniquement, ce qui équivaut à presque une rencontre par semaine ! Pour la même période, aucune rencontre officielle avec les représentants des groupes environnementaux n'a eu lieu[21]. C'est probablement par suite de ce bon travail aux yeux du couillon de Couillard que Laurent Lessard hérite d'un des plus « gros » ministères, celui des Transports, qui est sans conteste « l'éléphant dans la pièce » côté corruption[22] !

* * *

Comme les gouvernements qui se succèdent à Québec (neuf fois sur dix les libéraux) sont passés maîtres dans l'art de la magouille, il n'est pas surprenant d'apprendre que plusieurs réserves fauniques québécoises sont placardées par des permis d'exploration détenus par des entreprises privées. Par exemple, les permis d'exploration qui tapissent en grande partie la réserve des Chic-Chocs, en Gaspésie, appartiennent à la compagnie Pétrolia. Qui est le premier actionnaire de Pétrolia ? Le gouvernement du Québec[23].

Au moins, nous pouvons nous dire que nous avons des lois qui nous protègent. À moins que...

Une loi qui attire le bâillon

Le Québec s'apprête à se doter d'une première loi encadrant les hydrocarbures. Après seulement quatre jours de commission parlementaire pour « Le projet de loi n°106, Loi concernant la mise en œuvre de la Politique énergétique 2030 et modifiant diverses dispositions législatives », qui modifiera pas moins de 21 autres lois [24], avec en plus l'acceptabilité sociale à géométrie variable du gouvernement Couillard, nous pouvons humer à plein nez le futur bâillon invoqué pour faire adopter cette loi déjà décriée de toutes parts et pour cause.

* * *

Une mesure du projet de loi n°106 permettra aux compagnies pétrolières et gazières d'exproprier à des fins d'exploitation. Cette disposition découle de la Loi sur les mines du Québec, une loi qui date de 1880 et qui a subi quelques modifications au fil du temps. Donc, « à défaut d'entente, le titulaire [d'un permis d'exploration] peut, pour l'exécution de ces travaux, acquérir ces droits réels ou ces biens par expropriation [25] ».

* * *

Le projet de loi n°106 veut aussi sabrer les compétences municipales concernant l'eau puisée pour les projets gaziers et pétroliers. De plus, il aura préséance sur les schémas d'aménagements et de développement (SAD) des municipalités régionales de comté (MRC). En somme, ce projet de loi demandera à l'industrie pétrolière et gazière de simplement informer les municipalités plutôt que de les consulter lors d'une mise en chantier [26].

* * *

Ce projet de loi vise entre autres à promouvoir la transition vers une diminution d'environ 40 % de notre consommation de produits pétroliers, et ce, d'ici 2030, avec notamment la création de l'organisme Transition énergétique Québec. À voir les investissements massifs du gouvernement Couillard dans l'exploration gazière et pétrolière en Gaspésie (projets gaziers Bourque, Galt et Haldimand), il est permis d'en douter. Il faut savoir que ces gisements de gaz naturel produiraient nettement plus de gaz à effet de serre (GES) que selon les chiffres avancés par les libéraux pour en faire la promotion [27]. De surcroît, compte tenu des dons des gouvernements via le Fonds vert et autres programmes supposément environne-mentaux, disons que l'organisme Transition énergétique Québec pourrait s'avérer une autre belle magouille libérale !

* * *

En 2009, du temps de Jean Charest, le gouverne-ment libéral imposa un moratoire temporaire sur l'exploitation des hydrocarbures dans les baies de

Gaspé et des Chaleurs, afin, disait-il, de se donner « le temps nécessaire » pour « mettre en place un encadrement environnemental adéquat ». Avec le projet de loi n°106, l'encadrement, pas très environnemental, mais bien industriel, est en place. Évidemment, personne au gouvernement actuel n'est prêt à pérenniser ce moratoire[28]. Ils attendent probablement la montée du prix du baril de pétrole pour statuer !

* * *

Lorsqu'une compagnie pétrolière accuse le gouvernement d'imposer des normes trop strictes, nous devrions nous méfier. Difficile de croire que Pétrolia n'utilise pas une stratégie de marketing en criant haut et fort que le gouvernement Couillard, avec son projet de loi, veut détruire l'industrie québécoise des hydrocarbures et faire fuir les investisseurs étrangers. N'oublions pas que l'actionnaire majoritaire de Pétrolia est le gouvernement du Québec[29] !

LE MUR QUI NOUS ATTEND

Le prochain grand défi auquel nous ferons face dans les prochaines décennies, voire les prochaines années, sera sans conteste l'un des plus importants pour l'espèce humaine : la crise écologique et environnementale qui nous attend. Que ce soit les changements climatiques, l'érosion de la biodiversité, la pollution, les océans qui se vident, etc., les problèmes qui en découleront auront des répercussions sur notre vie sous une multitude d'aspects.

Prônons la mobilisation citoyenne, les sacrifices et les changements d'habitudes, certes, mais il ne faut toutefois pas oublier d'influencer nos dirigeants et nos politiciens, et, surtout, évacuons le trop-plein d'espace qu'occupent l'industrie, les chambres de commerce, le Conseil du patronat et les multinationales dans la chambre à coucher de nos décideurs. Car, au rythme où vont les choses, avec le travail de sabotage qu'effectuent nos gouvernements, nous serons incapables de faire face à la crise environnementale imminente.

N'en déplaise aux pseudo-sceptiques des changements climatiques, pourfendeurs du mouvement écologiste, et aux autres intellectuels de ce monde (dixit Jean Tremblay, maire de Chicoutimi), la menace de cette crise écologique mondiale n'émane pas d'une théorie du complot, mais de données scientifiques bien réelles. Cette crise est à nos portes et elle n'a rien à cirer de l'acceptabilité sociale de nos gouvernements.

Petit rappel

Le jour du dépassement de la Terre est survenu le lundi 8 août 2016, soit cinq jours plus tôt que l'an passé[30]. Cinq jours par an, à 365 jours par année, il nous reste environ 73 ans pour nous débarrasser des libéraux !

BANDITS, VOYOUS, ESCROCS... ET AUTRES MARGOULINS

L'ANNÉE QUI S'ACHÈVE aura été richissime en fourberies, en vols et en larcins, petits, moyens et grands, en crimes financiers, généralement commis à la tête de notre société, là où, comme pour le poisson, ça commence d'abord à pourrir.

Les effluves sont désormais omniprésents et il faudra ou bien s'y habituer en nous efforçant de les oublier — ce qui sera dur et sans doute impossible — ou bien retrouver le sens de ce qui a pour nom citoyenneté et procéder alors, sous cette bannière, au grand nettoyage nécessaire des écuries d'Augias de l'État.

De combien de manières nous spolie-t-on ?

Laissez-nous vous en présenter quelques-unes...

L'année a commencé comme s'était terminée la précédente : sur la découverte ahurissante qu'il n'y aurait finalement peut-être pas vraiment de suite, ou du moins pas de suite substantielle digne de ce nom, aux soupçons pesant sur les personnes mises en cause à la commission Charbonneau — cette commission d'enquête portant sur l'octroi et la gestion des contrats publics dans l'industrie de la construction, qui avait commencé ses travaux au début de juin 2012.

* * *

Quarante-cinq millions de dollars plus tard, après des centaines d'heures d'audiences et lors de la remise d'un rapport de quelque 1 700 pages, ce fut en effet, fin 2015, le coup d'éclat : la mystérieuse dissidence de l'un des deux commissaires (Renaud Lachance).

Le gouvernement libéral, comme il fallait s'y attendre, s'est empressé d'acquiescer aux propos du dissident et de clamer que, puisque rien n'était définitivement établi, il ne ferait « pas de mea culpa [31] ».

Parmi les thèmes majeurs abordés par la commission, il y avait eu le financement illégal du PLQ et le rôle joué par son grand argentier, Marc Bibeau, dans ces magouilles. Le dissident Lachance s'était employé à les minimiser, en affirmant, piètre argument, que M. Bibeau « n'avait jamais eu de fonction officielle au PLQ [32] ».

Mais ces deux sujets, avec bien d'autres, allaient toutefois rebondir toute l'année, qui fut décidément celle des margoulins.

* * *

On apprendrait ainsi que la firme comptable Samson Bélair Deloitte Touche ainsi que la compagnie Dessau avaient frauduleusement financé le PLQ[33].

Coup de théâtre en mars : l'ex-vice-Première ministre du Québec, Nathalie Normandeau, l'ancien ministre Marc-Yvan Côté, des dirigeants de l'entreprise de génie-conseil Roche et des attachés politique étaient arrêtés par l'UPAC et accusés de corruption, de complot, de fraude et d'abus de confiance[34].

Quant à Marc Bibeau, désormais ex-argentier du PLQ, il est sous enquête pour une vingtaine d'activités de financement frauduleux, dont une seule a rapporté plus de 400 000 $[35].

Il est également visé par le fisc[36] ; et l'UPAC a perquisitionné les bureaux d'une de ses entreprises, Schockbeton[37].

* * *

Bibeau était évidemment un proche de l'ex-premier ministre Jean Charest, lequel ne s'ennuie pas depuis sa retraite.

Le projet de pipeline Énergie Est de TransCanada est l'un des dossiers les plus importants et les plus lourds d'impacts qui soient actuellement discutés au Québec. Il suscite inquiétude et indignation grandissantes dans presque toute la population.

L'Office national de l'énergie (ONÉ) est une sorte de tribunal consultatif supposément impartial qui doit consulter la population et faire des recommandations à ce sujet.

Or, les trois commissaires qui dirigeaient le comité d'audience sur le projet Énergie Est de TransCanada viennent de se récuser, après que les partis pris évidents de deux d'entre eux en faveur du projet de pipeline eurent été dévoilés — et après avoir vigoureusement nié les faits qui les révélaient, comme cette rencontre avec Jean Charest, qui était alors rémunéré par le promoteur du projet en tant que consultant[38].

L'un de ces commissaires, Joël Gauthier, fait l'objet de deux enquêtes de l'UPAC : « Visé d'abord comme ancien PDG de l'Agence métropolitaine de transport (AMT) puis comme l'un des dirigeants d'Hexagone qui avait racheté une partie de l'empire Accurso[39]. »

Il existe une expression pour désigner ce type de comportement répréhensible des commissaires de l'ONÉ, qui sont en place pour rendre, sous couvert de neutralité, un jugement qui convient à leurs clients ou amis : la capture de la réglementation.

Pierre Marc Johnson, notre négociateur de l'Accord économique et commercial global entre le Canada et l'Union européenne, le sait sans doute, et c'est sans rougir qu'il assimile les critiques de cet accord, que l'on a de bonnes raisons de redouter pour les effets qu'il aura (baisse substantielle des recettes fiscales des États, augmentation des inégalités et une destruction programmée du secteur public[40]), aux climatosceptiques.

* * *

Si l'on peut capturer la réglementation en se payant des lobbyistes, on se paiera des lobbyistes. Vous vous souvenez de cet investissement de 1,3 milliard accordé à Bombardier par le PLQ pour ce canard boiteux qu'est la CSeries ? Suivez notre regard.

Raymond Bachand, ancien ministre libéral des Finances, est lobbyiste pour Bombardier[41].

Daniel Johnson, ancien chef du Parti libéral du Québec et ex-premier ministre, proche collaborateur de Philippe Couillard, touche 165 000 $ par an comme administrateur de Bombardier[42].

* * *

Il arrive aussi que tout ne se passe pas comme prévu. À preuve la sombre histoire de la vente de Rona à des intérêts américains. L'ancien PDG de Rona, Robert Dutton, fustige le ministre Jacques Daoust dans cette affaire.

Il n'était au courant de rien, assure-t-il. Mais des courriels sont dévoilés. Pierre Ouellet, son chef de cabinet, le contredit ; ainsi que la Vérificatrice générale.

Philippe Couillard ne pourra plus rien pour Jacques Daoust et celui-ci devra démissionner[43].

* * *

Pendant ce temps, au ministère des Transports, le ministre Laurent Lessard bénéficie toujours de la confiance du premier ministre, qui a décidément le sens de l'éthique à géométrie variable. Il conserve cette confiance malgré que l'un de ses conseillers, Yvon Nadeau, ait bénéficié d'une subvention de trois millions pour son entreprise (Pyrobiom), ait été mêlé à un organisme et à une entreprise privée (Oleotek et Innoltek) qui ont sollicité du financement auprès du gouvernement, et ait obtenu un million de dollars en subvention pour une station de ski où il gère des chalets, sans d'ailleurs payer les redevances qu'il doit par obligation notariée[44].

La conjointe de M. Lessard travaillait, elle, pour une entreprise qui recevait des subventions de la Société d'habitation du Québec, dont le grand patron, John MacKay, a été nommé au moment où le responsable des Affaires municipales s'appelait... Laurent Lessard[45]. Tant que ça reste dans la famille, libérale ou tout court.

Il semble bien difficile de savoir ce qui se passe exactement au ministère des Transports. Quand le précédent ministre, Robert Poëti, a tenté de sonner l'alarme, il a été démis de ses fonctions[46]. En Commission de l'administration publique, les députés tentent d'en apprendre plus ; ils entendent parler de dissimulation, d'intimidation, de documents modifiés ou disparus.

* * *

Ce survol serait incomplet sans parler de la firme d'ingénierie SNC-Lavalin.

SNC-Lavalin, c'est le recours durant des années à des employés prête-noms pour faire des dons illégaux à des partis politiques[47]. L'affaire dévoilée, le Bureau du syndic de l'Ordre des ingénieurs du Québec a conclu une sorte d'arrangement à l'amiable ... et confidentiel[48].

Ce sont aussi des accusations de fraude et de corruption déposées par la GRC.

Ce sont « 47,7 millions [versés] à des titulaires de charges publiques en Libye entre 2001 et 2011, dans le but de les influencer. De plus, ses divisions construction et international auraient privé diverses organisations locales d'environ 129,8 millions[49] ».

Pour se sortir de ces pétrins, SNC-Lavalin a la possibilité de s'inscrire à un programme de remboursement volontaire, comme l'ont fait, entre autres, Construction Frank Catania et la firme d'ingénierie Roche. Rassurez-vous : « Le processus est confidentiel, à moins que l'entreprise n'accepte d'en divulguer les détails publiquement[50]. » Ce qui fait que vous ne saurez finalement rien du détail de ces millions arrachés aux contribuables à coups de combines et de collusions.

Pour s'en sortir, SNC-Lavalin a aussi supprimé 950 emplois, dont 250 au Québec.

« Nous tenons absolument à les soutenir », a alors déclaré le premier ministre Couillard, toujours à l'écoute des besoins de SNC-Lavalin.

* * *

Pendant tout ce temps, des mesures pudiquement dites d'austérité ont été imposées à la population. Leur effet a été le plus durement ressenti par « les personnes les plus vulnérables », explique dans un volumineux rapport la Protectrice du citoyen. La réaction du premier ministre Couillard à ce rapport était prévisible : « Les discours sur les personnes vulnérables, les discours sur la solidarité, avec des finances publiques déséquilibrées et un endettement chronique, ce n'est que du vent, ça ne veut rien dire pour la population[51]. »

On comprendra que, pour ces bonnes gens au pouvoir, il n'est absolument pas question de hausser à 15 $ le salaire minimum (qui est présentement de 10,75 $ l'heure), quand bien même il y aurait, comme c'est le cas, une forte demande en ce sens. C'est que cette demande, cette fois, ne provient pas des milieux qui ont l'oreille du gouvernement. C'est pourquoi il n'est même pas question de tenir des consultations sur le sujet[52].

* * *

Décidément, l'odeur de pourriture est devenue insupportable...

Mais pas pour tout le monde.

Au moment de mettre un point final à ce texte, l'inénarrable Alain Dubuc (qui peut se vanter de n'avoir jamais manqué une seule occasion de donner raison au portrait qu'en dresse Pierre Falardeau dans Elvis Gratton XXX), rapportant les errances du ministre Lessard dans les affaires auxquelles est mêlé Yvon Nadeau, les juge « franchement insignifiantes » et assure qu'elles ne sont jugées telles que parce que « nous ne vivons pas dans un monde normal », ce qui nous oblige « à être plus catholiques que le pape[53] ».

LES DEUX VITESSES
DE L'AUSTÉRITÉ

VOILÀ MAINTENANT TROIS ANS que le mot *austérité* est sur toutes les lèvres et de tous les débats politiques. Après avoir affirmé en 2014 que « l'austérité est une vue de l'esprit [54] », Philippe Couillard a continué pendant un certain temps à nier que son gouvernement appliquait des mesures politiques d'austérité, soit des compressions drastiques dans les services publics pour atteindre le déficit zéro, une fin idéologique essentielle (et souvent dogmatique) pour quiconque prône moins d'État, comme c'est le cas du gouvernement Couillard. Le premier ministre a ensuite admis en 2015 que son gouvernement appliquait des mesures d'austérité et que celles-ci n'étaient pas encore terminées [55], pour finalement tomber dans un nouveau déni.

Au moment d'écrire ces lignes, la présidente de la Centrale des syndicats du Québec, Louise Chabot, affirme de but en blanc que le « gouvernement Couillard a détourné l'État de sa raison d'être réelle, c'est-à-dire le citoyen, pour plutôt en faire un appareil bureaucratique en quête de performance de gestion [56] » ; alors que la Protectrice du citoyen, Raymonde Saint-Germain, soutient que « l'austérité a fait mal, [que] certains choix ont été faits au détriment [des plus vulnérables] [57] ».

Réponse de Philippe Couillard ? « Les discours sur les personnes vulnérables, les discours sur la solidarité, avec des finances publiques déséquilibrées et un endettement chronique, ce n'est que du vent, ça ne veut rien dire pour la population. [...] Ce qui menace le plus les services publics, y compris pour les personnes vulnérables, ce sont les déficits constants et l'endettement qui enlèvent toute capacité d'agir au gouvernement [58]. »

Ça ne veut rien dire pour la population ? Nous n'en sommes pas si certains.

L'AUSTÉRITÉ QUAND ON EST PAUVRE

En matière d'austérité, l'année 2016 s'est amorcée avec le projet de réforme de l'aide sociale proposé par Sam Hamad, envolé quelques mois plus tard vers la Floride pour « refaire le plein d'énergie [59] » par suite d'allégations de financement politique illégal impliquant Marc-Yvan Côté, arrêté le 17 mars dernier pour fraude et corruption[60]. Qu'à cela ne tienne, le dossier fut repris par le ministre François Blais. L'idée est simple : « couper les vivres aux nouveaux assistés sociaux aptes à l'emploi », de manière à économiser 50 millions de dollars par an. Ses motivations sont nobles : « Chaque citoyen doit faire un effort, surtout pour améliorer son sort et gagner sa dignité[61]. » Qui pourrait s'ériger contre tant de vertu ?

Tout un comité d'experts de l'Université du Québec à Rimouski (UQAR) l'a pourtant fait. Réduire de moitié un chèque de 650 $ par mois, soutiennent-ils, « ça veut dire carrément qu'on pousserait les gens à la rue ». Le directeur du module en travail social, Jean-Yves Desgagnés, est catégorique : considérant que le taux d'assistance sociale a diminué de 50 % depuis 20 ans pour atteindre 6,6 %, un niveau jamais vu depuis 1978, « la véritable intention poursuivie par le programme Objectif emploi est de faire une économie de 50 millions de dollars par année dans l'aide financière accordée aux personnes et aux familles, la principale source de dépenses du ministère[62] ».

* * *

Il n'est pas le seul de cet avis. Même Yves-Thomas Dorval, président du Conseil du patronat (!), admet que « le montant d'aide sociale, c'est pas grand-chose[63] ». À vrai dire, en date de septembre 2016, l'opposition au projet de loi sur l'aide sociale est si forte en Chambre comme dans les tribunes populaires que Philippe Couillard, selon sa manière habituelle, a brandi le bâillon : « Ce projet de loi est majeur pour l'économie du Québec [...]. Il sera adopté, il doit être adopté [64]. » Ben coudonc.

En date du 24 août 2016, François Blais, aussi convaincu que son chef, songeait même à pousser le projet de loi un peu plus loin en donnant au ministère le pouvoir de retenir le chèque d'aide sociale d'un nouveau bénéficiaire qui ne se présenterait pas à un rendez-vous d'évaluation [65]. Infantilisant, vous dites ?

* * *

Quoi de pire qu'être pauvre ? Être pauvre en région, là où les gains politiques à faire sont plutôt minces pour des politiciens fonctionnant à coups de mesures électoralistes. « De Grande-Vallée à Baie-Comeau, des projets d'habitation pour personnes âgées ou démunies sont sur la glace, faute de fonds. En région éloignée, les coupes imposées l'an dernier en logement social se ressentent de plus en plus, et un nombre grandissant de projets sont paralysés [66]. »

Le ministère des Affaires municipales finance maintenant la construction de 1 500 logements sociaux annuellement plutôt que 3 000 pour les années précédentes (270 millions à 126 millions de dollars). Quelque 6 000 logements annoncés n'avaient toujours pas été construits en février dernier, tandis que le programme Rénovation Québec, qui pouvait permettre de financer des coûts de décontamination de terrain, ou d'enlèvement de l'amiante dans certains cas, a complètement disparu[67].

* * *

Pour couronner le tout, on apprenait en juin dernier que, dans certains ministères et organismes du gouvernement du Québec, on demande spécifiquement aux gestionnaires et au personnel de « limiter » les informations transmises lors des échanges avec les citoyens. « Par exemple, au centre de communication avec la clientèle du ministère du Travail, de l'Emploi et de la Solidarité sociale, il est strictement interdit aux agents d'aide socio-économique du centre d'appels de l'aide sociale de prendre l'initiative de mentionner aux personnes au bout du fil les recours auxquels elles pourraient avoir droit ou d'autres prestations dont elles pourraient faire la demande[68]. »

Sabrer dans les programmes et s'assurer que les citoyens les plus vulnérables en sachent le moins possible à propos des miettes auxquelles ils ont encore droit, tel est le secret de la *gestion rigoureuse des finances publiques*, façon libérale.

L'austérité quand on a faim

Il y a aussi ceux qui sont trop pauvres pour se nourrir adéquatement, même s'ils ne sont pas assistés sociaux. En 2015, au Québec[69], 10,5 % des demandes aux banques d'aide alimentaire d'urgence proviennent de gens qui ont un revenu d'emploi. Une hausse de 100 000 demandes a été enregistrée par rapport à l'année précédente, et 14 % des ménages servis l'étaient pour une première fois. Entre 2008 et 2015, l'augmentation de la demande a atteint 28 %. Pour Zakary O. Rhissa, directeur général des Banques alimentaires du Québec, le chiffre étonne et déçoit d'autant plus que « l'année de référence, 2008, c'est l'année où on [a] eu un plateau et dépassé le million de demandes d'aide alimentaire. On pensait que c'était momentané, avec la crise financière, que ça allait redescendre[70] ». C'était sans prendre en compte le régime austère que nous préparaient les Couillard, Coiteux et Leitão au nom de la sacro-sainte dette... et des petits amis du secteur privé.

* * *

Par ailleurs, pendant que la demande augmente, l'offre diminue, « parce qu'il en coûte moins cher aux fournisseurs de jeter leurs surplus que de les donner[71] ». Au cours de la dernière année, un organisme sur deux a donné moins de produits alimentaires par personne, et 13,4 % disent avoir été forcés de fermer leurs portes plus tôt ou de ne pas ouvrir du tout, faute de denrées[72]. Certains ferment littéralement et définitivement leurs portes, comme l'organisme montréalais Bonne Boîte Bonne Bouffe, qui distribuait des paniers de fruits et légumes frais à coût modique auprès des familles défavorisées[73].

Pour ces organismes, on l'aura compris, l'austérité est toxique à un double niveau. Non seulement elle augmente le nombre de personnes qui ont recours à l'aide alimentaire d'urgence, mais les compressions de 116 millions de dollars annoncées en mars 2016[74] au ministère du Travail, de l'Emploi et de la Solidarité sociale leur coupent directement les vivres.

* * *

N'allez surtout pas croire qu'il faudrait se gêner lorsqu'il s'agit d'enfants. À la Commission scolaire de Montréal, forcée par les mesures d'austérité à sabrer neuf millions de déficit, on a dû rogner dans un programme d'alimentation pour les élèves défavorisés. « En tout, 14 écoles primaires et 4 établissements secondaires seront touchés sur l'ensemble du territoire de la CSDM[75]. » La mesure vise une économie de 800 000 $ par an, alors que les primes aux médecins pour l'année 2015 atteignaient 393,4 millions[76]. Trouvez l'erreur.

L'AUSTÉRITÉ QUAND ON EST VIEUX

Entre ne pas manger à sa faim et manger dans un CHSLD, on se demande parfois lequel est le pire. Patates en poudre, retrait du bœuf, des fruits[77], du chou-fleur, du bacon et du veau[78], compressions supplémentaires dans des régions où le prix moyen d'un repas en CHSLD n'est déjà que de 2 $ par jour... Le ministre Barrette, grand défenseur de la politique d'un bain par semaine, a l'arrogance d'affirmer qu'on sabre dans le luxe : « Les CHSLD, comme n'importe quelle institution, doivent s'adapter à la situation actuelle, celle du marché[79]. » Pour ajouter l'insulte à l'outrage, la Régie de l'assurance maladie du Québec révélait, ce printemps, que de plus en plus de Québécois étaient incapables de se payer le CHSLD[80]. Incapables de se payer la misère. C'est la réalité du marché, quand toute une génération de bâtisseurs est considérée comme une marchandise.

* * *

Alors que 3 500 personnes âgées seraient en attente d'une place en CHSLD[81], la situation n'est pas plus rose pour celles qui vivent à la maison. Après la fermeture, en 2015, d'une vingtaine de centres de jour au Québec – centres offrant des services de transport, de repas, de réadaptation et de soutien psychologiques aux aînés semi-autonomes – , c'est au tour des soins à domicile de voir leur budget amputé. « Près de la moitié des CSSS de la grande région de Montréal – regroupés en CISSS – ont réduit cette année les budgets consacrés aux soins infirmiers à domicile ou aux services à domicile[82]. » À l'Institut de réadaptation Gingras-Lindsay-de-Montréal, c'est un lit sur trois à l'unité de santé physique qui a été fermé[83].

* * *

Lors de la campagne électorale de 2014, les libéraux de Philippe Couillard avaient pourtant promis d'injecter 150 millions de dollars par année dans les soins à domicile[84]. Or, en août, au lendemain de l'annonce d'une subvention gouvernementale de 22 millions pour former des préposés aux bénéficiaires, on apprenait qu'un important contrat public d'un million de dollars avait été octroyé au secteur privé, « qui casse les prix en offrant des conditions de travail et des salaires moindres[85] ». Réponse de Barrette ? On vous le donne en mille : « C'est la loi du marché. »

L'entreprise qui a remporté le contrat, L'Agence, refuse de dire combien elle paie ses employés : « information privilégiée ». Sachant que les préposés aux bénéficiaires, principalement des femmes, gagnent, une fois les charges retirées, aux alentours du salaire minimum, force est d'admettre que l'austérité en matière de soins aux aînés fait mal non seulement aux soignés, mais aussi aux soignantes. Heureusement qu'on a Philippe Couillard pour nous rappeler que « la fameuse austérité toxique, c'est un mythe[86] ».

L'AUSTÉRITÉ QUAND ON EST PETIT

Les pauvres, les affamés, les vieux... Pourquoi s'arrêter en si bon chemin ? En janvier 2016, le gouvernement Couillard annonçait des compressions de 120 millions[87] dans le réseau des Centres de la petite enfance (CPE), déjà largement amputé de sa marge de manœuvre depuis 10 ans. Mises à pieds massives[88], baisse de la qualité des repas offerts, suspension de l'achat de nouveau matériel pédagogique[89], c'est 15 à 33 % du budget alloué à chaque enfant[90] qui s'envole. Ce qui n'empêchera pas le gouvernement d'augmenter les prix pour une large part de la clientèle avec son projet de loi sur la modulation des tarifs en fonction du revenu familial, adopté au printemps 2015 sous le bâillon et entré en vigueur en mars 2016[91]. « Les parents ont eu le temps d'économiser », plaidera le premier ministre.

* * *

Pour parler de ces compressions majeures dans les services offerts aux poupons jusqu'à l'âge de cinq ans, le gouvernement Couillard a une autre belle formule : la moyenne du tiers performant[92]. Celle-ci consiste à séparer en trois l'ensemble des CPE et garderies subventionnées en fonction de leurs dépenses pour forcer les deux tiers supérieurs à calquer leur budget sur celui du tiers le plus pauvre. Ingénieux, n'est-ce pas ?

Les suggestions du ministère pour atteindre – ou plutôt descendre vers – ce fameux tiers ne passent cependant pas le test de la performance. Par exemple, la mesure sur le taux de présence des enfants implique que, s'il y a trop de petits absents, une éducatrice sera renvoyée à la maison et les petits à sa charge seront dispersés dans d'autres groupes. Idéal pour le lien d'attachement de Junior ! Idem pour la rémunération, où l'on exige de retrancher 3 000 à 4 000 heures annuellement, ce qui entraînera forcément des mises à pied. Comme on doit respecter les ratios balisant le nombre d'enfants par éducatrice en fonction des groupes d'âge, ces mises à pied touchent surtout les spécialistes, c'est-à-dire celles et ceux qui travaillent auprès des petits ayant des handicaps. Résultat ? « Les CPE, en perdant du personnel et des services, hésitent à prendre les cas les plus lourds[93]. »

L'AUSTÉRITÉ QUAND ON EST HANDICAPÉ

Eh oui, l'austérité frappe aussi les personnes handicapées, une population qui n'a pas tout à fait le poids politique des médecins dans les décisions publiques, pour dire le moins. Depuis le 1er janvier, « Québec a diminué de 50 % une mesure de maintien qui permettait à 500 maisons hébergeant 2 500 usagers lourdement handicapés de joindre les deux bouts[94] », les privant, selon les cas, de 1 000 $ à 8 000 $ par mois. Parmi le réseau de ce que l'on appelle les Ressources intermédiaires – Maisons d'hébergement (RIMA), quatre avaient déjà fermé leurs portes en un mois au début de 2016 et plus de 200 risquaient de faire de même au cours des mois suivants.

L'insécurité et les déménagements ainsi imposés aux personnes handicapées, sans compter le stress des membres de leurs familles, ne parviennent manifestement pas à émouvoir nos élus, si attachés

aux *vraies affaires*. Peut-être verseraient-ils une larme en apprenant qu'une personne handicapée coûte de cinq à dix fois plus cher[95] en institution que dans une RIMA...

* * *

Que voulez-vous, il n'y a pas de petites économies ! C'est ainsi qu'on apprenait, en juillet dernier, la fermeture du Comité d'adaptation de la main-d'œuvre (CAMO), un petit organisme de sept employés qui se démène – se démenait – pour aider les personnes handicapées à trouver du travail. Pour les organisateurs du milieu, c'est « une lourde perte : en 2005, 55 % de la population de 15-64 ans en situation de handicap disposait de revenus annuels de moins de 15 000 $, selon l'Institut de la statistique du Québec. [...] La meilleure façon de sortir ces personnes de la pauvreté est de favoriser leur employabilité[96] ». Mais, en ces temps de compressions, la Commission des partenaires du marché du travail a conclu que le retour sur l'investissement n'était pas suffisant.

* * *

Restait à s'en prendre aux proches aidants, celles et ceux-là mêmes qui prennent soin des personnes souffrant d'un handicap ou d'une maladie invalidante et qui assurent 80 % des soins à domicile. Fin 2015, le rapport de la Protectrice du citoyen constate que les « services de soutien à domicile demeurent aux prises avec des problèmes de réduction de services, de délais d'attente, d'épuisement des proches aidants et de disparité régionale[97] », problèmes déjà largement documentés dans son rapport de 2012.

À l'été 2016, la maison Gilles-Carle a été forcée de fermer ses portes pendant 10 semaines[98] en raison du manque de financement. Rappelons que la maison du nom du grand cinéaste québécois, cofondée par Chloé Sainte-Marie, donne un répit aux proches aidants de personnes frappées d'incapacité permanente ou temporaire. Même dans la plus pure logique d'austérité, rien ne peut justifier qu'on s'attaque à ces structures qui permettent aux malades de rester à domicile plutôt qu'en CHSLD, nous faisant économiser des milliers de dollars par année; et qui, dans une perspective « bassement humaniste », procurent aussi une meilleure qualité de vie à leurs proches.

* * *

Toutes ces mesures ont pour effet d'augmenter la clientèle vulnérable, si bien que l'on apprenait, le 16 septembre 2016, que le Curateur public « a du mal à assurer les services de soutien, d'accompagnement des familles, de vérification auprès des personnes sous curatelle et des personnes responsables de curatelle[99] ». Cela ouvre grand la porte à des abus, particulièrement chez les personnes les plus isolées. « Ça peut prendre des semaines avant qu'une personne puisse avoir accès à son curateur pour obtenir une paire de bottes d'hiver », affirment les groupes d'intervention. « Ce sont les plus vulné–rables, les sans-voix, des gens qui n'ont pas de poids social. Ils ne sont pas millionnaires et on leur coupe des services. »

De l'avis de plusieurs, c'est précisément là le but des politiques d'austérité : réduire les services pour dérouler le tapis rouge à l'entreprise privée, qui ne bénéficiera à son tour qu'aux plus aisés; et la roue tourne et tourne encore, écrasant au passage les plus fragiles pour mieux creuser l'écart entre les riches et les pauvres.

L'AUSTÉRITÉ POUR LE 1 %

C'est confirmé : dans le monde, « [les] avoirs du 1 % viennent de dépasser ceux du 99 % et les 62 citoyens les plus riches possèdent maintenant à eux seuls plus que la plus pauvre moitié de la planète [100] ». Et la tendance sera difficile à inverser, car les « États ont moins de ressources pour agir, à cause de la faible croissance et de la saignée de leurs recettes vers les paradis fiscaux [101] ». Notre premier ministre Couillard ayant lui-même placé sans remords plusieurs centaines de milliers de dollars dans des paradis fiscaux [102], nous voyons mal le jour où notre bon gouvernement libéral s'attaquera à cette fuite massive de capitaux.

L'austérité quand on est philanthrope

Heureusement, il y a la philanthropie ! Les grandes fortunes placées dans des paradis fiscaux peuvent donc faire leur part via de généreux dons à des organismes pour se donner bonne conscience.

Le problème, c'est « le lien évident entre la croissance de la philanthropie et la croissance des inégalités sociales[103] ». Les « généreux » donateurs, sous des apparences altruistes, contournent la démocratie en imposant leurs priorités dans les politiques publiques (pensons à la Fondation Lucie et André Chagnon), en plus de bénéficier de privilèges fiscaux[104] qui contribuent encore à augmenter les inégalités. Charité bien ordonnée... Ouain, c'est ça.

L'austérité quand on est PDG

Reconnaissons tout de même la véritable générosité des philanthropes qui parfois donnent de l'argent malgré d'importantes baisses de revenus. C'est sans doute le cas de plusieurs des 100 PDG les mieux payés du Canada, qui ont vu la somme de tous leurs revenus et bonis diminuer de 2 %... pour une moyenne de 8,96 millions de dollars. Ce n'est que 184 fois le salaire moyen annuel des Canadiens, établi à 48 636 $[105].

L'austérité quand on est employé d'Investissement Québec

En cette période d'austérité, tout n'est pas rose chez Investissement Québec. « Outre des profits en baisse, la vente en catimini des actions de Rona a soulevé l'ire des députés de l'opposition. La société a aussi fait l'objet d'un rapport dévastateur de la Vérificatrice générale. Ce rapport, qui a été publié après la fin de l'année financière 2015-2016, indique que la société ne parvient pas à générer « un rendement sur les fonds que le gouvernement lui avance au moins égal au coût d'emprunt de ces fonds, soit 4 % [106] ». Malgré tout, quelque 85 % des employés ont eu droit à des bonis à la « performance ». Nous n'étions quand même pas pour les laisser manger des pommes de terre en poudre, pas vrai ?

L'austérité quand on est médecin

L'austérité frappe dur chez les médecins aussi. Après avoir empoché en 2014 une prime de départ de 1,2 million de dollars de la Fédération des médecins spécialistes [107], Gaétan Barrette a accordé aux médecins « des hausses annuelles quasi comparables à celles que les employés de l'État recevront pour cinq ans [108] ». Au député Amir Khadir, offusqué par cette hausse excessive dont il bénéficie lui-même comme médecin, le bon docteur Barrette a répondu qu'il n'avait qu'à faire un don à Centraide [109].

L'AUSTÉRITÉ QUAND ON EST CADRE DU RÉSEAU DE LA SANTÉ

Le ministre Barrette a refusé d'exiger un remboursement des sommes payées en trop quand « il a découvert que près d'un millier de cadres du réseau de la santé [avaient] reçu des salaires plus élevés que prévu par ses échelles salariales [110] », prétextant que la réévaluation à la baisse du salaire de ces cadres, qui n'avait erronément pas encore été mise en place, n'était pas un système punitif. En effet, que celui qui n'a jamais commis d'erreur lance la première pierre.

Le problème, c'est que « des centaines de fonctionnaires victimes d'erreurs administratives dans leur paie [ont dû] rendre la totalité des sommes que l'État leur a versées en trop [111] », jusqu'à 40 000 $ dans quelques cas extrêmes. C'est « une question d'équité [112] », selon le président du Conseil du trésor, Martin Coiteux. Comme les cochons dans *La ferme des animaux* d'Orwell, certains sont plus égaux que d'autres.

L'austérité quand on est pote de Denis Coderre

En période de dépenses restreintes, plusieurs ont été surpris d'apprendre que l'administration du maire Denis Coderre avait embauché sans appel d'offres Michel Dorais comme responsable de la coordination de l'arrivée des réfugiés syriens à Montréal... pour 1 800 $ par jour ! C'est probablement un hasard, mais Michel Dorais a été sous-ministre au ministère de l'Immigration du temps où Coderre en était le ministre[113]. Quelques jours plus tard, nous apprenions que, « pour le même prix, [Toronto] emploie quatre personnes pour faire ce travail. Et ce, sur une base permanente[114] ».

L'austérité quand on est Hydro-Québec

La présente période d'austérité libérale serait bien incomplète si nous ne devions nous contenter que de compressions dans les services. Encore faut-il augmenter les tarifs ! Là-dessus, nous pouvons toujours et annuellement compter sur Hydro-Québec, et davantage encore en ces temps difficiles. Malgré un bénéfice net de 339 millions pour les mois de juillet à septembre 2015 et une hausse prévue des profits annuels de 3 %[115], Hydro-Québec s'est vu accorder par la Régie de l'énergie une hausse des tarifs de 2,9 % à partir du 1er avril dernier [116].

L'AUSTÉRITÉ QUAND ON EST DESJARDINS

C'est l'austérité aussi chez notre belle « coopérative » Desjardins, qui, entre 2010 et 2014, a fermé 210 caisses et points de service, en plus de 427 guichets [117]. Pour la proximité des services en milieu rural, on repassera... Rappelons que l'excédent avant ristournes de Desjardins a été de 1,96 milliard en 2015 [118], et que « la rémunération globale de [Monique Leroux] à la tête de Desjardins est passée de 1,6 million $ en 2008 à 3,9 millions $ en 2015 [119] ».

L'AUSTÉRITÉ QUAND ON EST MITCH GARBER OU JOURNALISTE À *LA PRESSE*

Quand Mitch Garber a encaissé des centaines de millions à la suite de la vente de Playtika à un consortium chinois, *La Presse* a titré son article sur la transaction ainsi : « Mitch Garber paiera "plus de 100 millions" en impôts [120] ». Complètement acoquinée avec le Parti libéral du Québec, *La Presse* est moins obnubilée par la valeur de la transaction (4,4 milliards au total) que par le fait qu'un riche paye des impôts au Québec. Nous imaginons sans peine le regard ébahi du journaliste devant les confessions de Garber : « J'aurais pu changer de pays pour avoir des taux d'imposition moins élevés. J'aurais pu déménager dans des paradis fiscaux. Mais si j'avais fait ça, j'aurais vendu le futur de mes enfants pour sauver de l'impôt. » Il ne manquait qu'un peu de violon pour remercier Garber... de ne pas nous frauder !

L'AUSTÉRITÉ QUAND ON EST BOMBARDIER

Alors que le gouvernement accordait des miettes en augmentations salariales aux employés de la fonction publique, il a annoncé un investissement de 1,3 milliard dans Bombardier, et ce, sans posséder d'actions de la compagnie. Comme le souligne en détail notre collègue de la section « Bandits, voyous, escrocs... et autres margoulins », l'opération est louche à tellement de niveaux que ça en devient vertigineux. En outre, l'ancien ministre des Finances libéral Raymond Bachand est lobbyiste pour Bombardier et la nouvelle société en commandite détenue à 49,5 % par le gouvernement est dirigée par... Daniel Johnson, ex-premier ministre libéral [121].

L'AUSTÉRITÉ QUAND ON EST UN GOUVERNEMENT EN SURPLUS BUDGÉTAIRE

Après toutes ces compressions dans les services et ces hausses de tarifs et d'impôts, le gouvernement a dégagé un surplus record de 1,8 milliard pour l'année 2015. Serait-ce enfin le temps des vallées verdoyantes des surplus ? Des véritables pommes de terre dans les CHSLD ? Des logements sociaux en région ? Des réinvestissements en éducation ? Des résidences pour handicapés ? Des centres de désintoxication ? De simplement cesser de harceler les bénéficiaires d'aide sociale ?

Non, pas tout à fait. « En vertu de la Loi sur l'équilibre budgétaire, le gouvernement n'a pas le loisir de dépenser ces sommes comme bon lui semble. Elles sont redirigées vers une réserve de stabilisation en vue de réduire la dette brute du Québec. En plus de ce surplus, le gouvernement a versé près de 1,5 milliard de dollars au Fonds des générations, destiné à financer la dette [122]. »

* * *

Tout cela, cher peuple à genoux, n'est rien qu'une vaste « escroquerie légalisée », pour reprendre les termes d'Alain Deneault, docteur en philosophie et enseignant en science politique [123]. Les contribuables financent les banques par le service de la dette. Ils financent aussi les services publics dont bénéficient les entreprises qui laissent leurs profits s'évader dans les paradis fiscaux. Les contribuables s'appauvrissent et, comme on l'a vu, l'effet des mesures d'austérité croît de façon proportionnelle à la vulnérabilité des populations, qui assistent, impuissantes, au saccage des services. N'est-il pas temps de mettre fin à ces mécanismes pourris ? « Nous savons pourtant, depuis la Grande Dépression, que l'austérité ne fonctionne pas [124]. » Qui le dit ? Joseph Stiglitz, prix Nobel d'économie.

À LEUR SANTÉ

Au commencement, Gaétan Barrette, ministre de la Santé et des Services sociaux, créa une réforme du système de santé.

Barrette dit : « Que la loi 10 soit ! » Et la loi 10 fut, adoptée sous le coup d'un bâillon[125], « modifiant l'organisation et la gouvernance du réseau de la santé et des services sociaux[126] ». Barrette crut que la loi était bonne. Il sépara sa lumière des critiques d'autrui, et le poste de Commissaire à la santé et au bien-être fut aboli[127].

Il y eut un soir, il y eut un matin, ce fut la loi 20, censée favoriser l'accès à un médecin. Barrette crut que la loi était bonne. Il sépara ses jours des nuits d'autrui et traita sa vis-à-vis de l'opposition officielle, Diane Lamarre, « d'épileptique et d'architecte du néant[128] ». Dieu s'excusa.

Il y eut un soir, il y eut un matin, ce fut le troisième pan de la réforme : le financement à l'activité, qui vise à établir le budget des établissements de santé en fonction des services et actes posés plutôt que sur une base historique. Barrette crut que la mesure était bonne. La recherche reste loin d'être convaincante [129]. Qui a besoin de la science quand Dieu existe ?

Ce fut le quatrième jour, quatrième temps : 50 supercliniques seront créées d'ici 2018 [130]. Barrette bénit ces supercliniques, qui désengorgeront les urgences, en disant : « Soyez fécondes, multipliez vos heures d'ouverture et remplissez les régions du Québec. » Il crut que cela serait bon. Le Commissaire à la santé et au bien-être, avant l'abolition de son poste, émit des réserves quant à cette mesure [131].

Puis Barrette dit : « Faisons les médecins à notre image et à notre ressemblance. » Et les médecins eurent beaucoup d'argent.

* * *

« C'est correct, Dieu, tu peux aller te coucher. » Les médecins commencent leur journée. Il faut bien gagner sa vie. Et déséquilibrer les finances publiques. Pas un mois sans que les hausses excessives de la rémunération des médecins du Québec ne fassent les manchettes. Et pour cause : l'Institut de recherche et d'informations socio-économiques (IRIS) évalue que « [p]endant que les salaires moyens au Québec augmentaient de 27 % en dix ans, celui des médecins a connu une hausse de 63 %. Durant la même période, l'inflation s'élevait à 18,5 %[132]». De 2011 à 2016, la rémunération des médecins spécialistes a bondi de 37 % et celle des médecins de famille, de 26 %[133]. Rappelons que c'est Gaétan Barrette lui-même « qui a su arracher au gouvernement les plus importantes augmentations de rémunérations professionnelles de l'histoire du Québec[134] » alors qu'il était président de la Fédération des médecins spécialistes du Québec (FMSQ).

* * *

Le gouvernement libéral, en haussant de manière insoutenable la rémunération des médecins tout en coupant ailleurs au nom de l'équilibre budgétaire, nuit à la santé. Une étude de l'équipe d'*Un peuple à genoux* démontre que mieux vaut être riche et en santé que pauvre et malade. « Les facteurs économiques et sociaux tel [sic] que le revenu, le niveau de scolarité et l'appartenance sociale ont une incidence directe sur la santé. Les liens entre ces déterminants socioéconomiques sont très forts et influent sur la santé[135]. » Augmenter les revenus des médecins de manière disproportionnée, ce n'est pas bon pour la santé de la population, c'est bon pour la santé des médecins. D'autant que les hausses consenties n'ont augmenté ni la productivité des médecins[136], ni l'accessibilité aux soins[137].

* * *

La réalité vaut mille mots.

Un chirurgien de La Sarre, en Abitibi-Témiscamingue, a démontré par l'absurde jusqu'où l'excès de pouvoir et d'argent peut mener. De manière tout à fait légale, créative diront les cyniques, il est devenu le chirurgien le mieux payé de la province en travaillant lors des périodes les plus payantes : le soir, la nuit. À titre d'exemple, l'ablation d'une vésicule biliaire prodigue 490 $ de revenu le jour et 1 600 $ entre 24 h et 7 h [138]. Dormir la nuit ? Ben voyons. C'est pour les pauvres.

Le 5 décembre 2015, *Le Devoir* titre : « Les médecins gagnent assez, dit Couillard [139] ». Les médecins gagnent trop, dit *Un peuple à genoux*.

* * *

Pendant ce temps...

Un patient recourt au sociofinancement pour obtenir plus de douches au CHSLD. Notons que la campagne lui permettra d'amasser plus que les fonds nécessaires [140].

« [L]es raisins, le chou-fleur, le bacon et le veau ont été retirés du menu de 12 CHSLD et de deux hôpitaux de Montréal au cours des derniers mois parce qu'ils coûtent trop cher. Même les vraies patates pilées ont été remplacées par des pommes de terre déshydratées [141]. » Le ministre de la Santé et des Services sociaux se portera à la défense desdites patates en poudre, jugeant le menu adéquat en fonction du marché [142]. Parions que le ministre, lui, mange des patates nouvelles, toujours en fonction du marché.

Le rapport annuel d'activités 2015-2016 de la Protectrice du citoyen le confirme : la quête de l'équilibre budgétaire par le gouvernement libéral a entraîné une réduction des services publics[143]. La Protectrice du citoyen évoque une tendance à niveler l'offre de services vers le bas à la suite des fusions d'établissements : « En matière de soutien à domicile, à titre d'exemple, ses enquêtes ont fait ressortir que lors de l'intégration des offres de services locales à l'échelle régionale, on avait eu tendance à implanter à l'ensemble du territoire la moins généreuse des offres[144]. »

Toutes ces nouvelles disparaîtront.

* * *

En direct de sa tour d'ivoire, le premier ministre du Québec, Philippe Couillard, réagit : « Les discours sur les personnes vulnérables, les discours sur la solidarité avec des finances publiques déséquilibrées et un endettement chronique, ce n'est que du vent[145]. »

* * *

Il a beaucoup venté dans le système de santé. Les réformes de Barrette se succèdent à un rythme effréné : loi 10, loi 20, financement à l'activité, projet des supercliniques. L'équipe d'*Un peuple à genoux* a cherché une personne louangeant ces réformes. Elle ne trouva que des critiques : Claude Castonguay, père de l'assurance maladie et ancien ministre de la Santé ; ex-ténors du réseau de la santé ; représentants syndicaux ; etc. Ne reculant devant rien, *Un peuple à genoux* a trouvé un admirateur de Gaétan Barrette : Gaétan Barrette (l'individu, pas le ministre). Les deux semblent toutefois ne pas voir la pertinence de procéder dès maintenant à l'évaluation des réformes en santé [146].

* * *

Contrairement à Gaétan Barrette, des hauts fonction-naires retraités du ministère de la Santé et des Services sociaux pensent qu'une évaluation urgente de ces réformes s'impose. Dans leur lettre envoyée à la Vérificatrice générale, ils affirment : « Toutes les instances qui étaient susceptibles de fournir une lecture différente de celle du ministre sur ce qui se passe dans le réseau ont été abolies ou muselées [147]. » Espérons qu'*Un peuple à genoux* survivra à la présente édition.

Enfin, mention spéciale aux pouvoirs magiques de Barrette, qui « recule, mais obtient ce qu'il veut [148] ».

* * *

Nous sommes d'accord avec Gaétan Barrette sur un point : nous pensons que l'accessibilité aux soins est un problème. Valentine Sicotte le croit aussi : elle a reçu un appel pour un rendez-vous avec un gastroentérologue neuf ans après en avoir fait la demande. « J'ai essayé de ne pas rire au téléphone [149]. »

* * *

Le manque d'accessibilité aux soins n'est pas toujours drôle. En termes d'accès à un médecin de famille, le Québec figure bon dernier parmi les provinces du Canada [150]. L'attente aux urgences n'est guère plus reluisante. Dans son rapport, un coroner décrit le service des urgences de l'hôpital de Gatineau comme étant « parmi les pires du monde occidental [151] ». L'attente aux urgences au Québec est nettement plus importante que dans le reste du Canada et que dans d'autres pays occidentaux : 35 % des patients y attendent plus de cinq heures, contrairement à 15 % en Ontario et à 3 % au Royaume-Uni [152].

Les derniers ne seront pas les premiers.

* * *

Peu après le jour de l'An, on apprenait que la présidente du conseil d'administration du CHUM-CHU Sainte-Justine « est aussi première vice-présidente de McKesson Canada, le bras canadien d'un géant international de distribution de médi-caments et d'appareils pharmaceutiques [153] ». Elle est aussi inscrite au registre des lobbyistes comme étant chargée des relations avec le Gouvernement du Québec. Elle assure qu'elle quittera toutes les réunions où cette situation pourrait soulever un problème ou une apparence de conflit d'intérêts.

Damien Contandriopoulos, professeur titulaire à la Faculté des sciences infirmières de l'Université de Montréal : « Elle va passer son temps dans le couloir [154]. »

* * *

Vous ne passez pas la soie dentaire ? Rassurez-vous, vous êtes probablement du côté de la science : « Les preuves de l'efficacité de la soie dentaire sont "faibles, très peu fiables" et de "très piètre qualité" et comportent un risque modéré à élevé de donner lieu à des préjugés [155]. » L'industrie de la soie dentaire aurait subventionné la majorité des études et les aurait même parfois conçues et produites. Le prix Ionesco de l'absurde revient à l'Ordre des dentistes du Québec : « Le fait que peu de recherches aient été consacrées à démontrer l'efficacité de la soie dentaire ne permet aucunement de conclure à son inefficacité [156]. »

Pendant que l'industrie finance ainsi la recherche scientifique, l'État finance autre chose : « Recherche en santé : les fonds manquent partout [157]. »

* * *

Vous êtes dans la salle d'attente de la clinique externe d'un centre hospitalier. Sur une chaise, près du secrétariat, un homme aux dents blanches, souriant, en complet, une mallette à la main. « Hé ! c'est qui ce gars-là ? Y'a pas l'air malade, pourtant il va voir le médecin. » Oui, il va voir le médecin. Peut-être même avant vous. C'est un représentant d'une compagnie pharmaceutique. Vous vous demandez ce qu'il fait ici, à l'hôpital ? Nous aussi.

* * *

Vous ne voulez pas habiter près d'un puits de gaz de schiste. Vous avez mille et une bonnes raisons. En voici une autre : les patients souffrant d'asthme ont jusqu'à quatre fois plus de probabilité de faire une crise s'ils habitent près de puits de gaz de schiste extrait par fracturation hydraulique [158]. « Les principaux facteurs ayant une incidence sur la santé de la population canadienne n'ont rien à voir avec les traitements médicaux ou avec les choix de mode de vie mais plutôt tout à voir avec les conditions de vie [159]. » Autoriser le saccage de l'environnement, couper en éducation, réduire le filet social, c'est nuire à la santé.

* * *

L'année 2016 fut marquée par la légalisation de l'aide médicale à mourir au Canada, après l'entrée en vigueur au Québec, en décembre 2015, de la Loi concernant les soins de fin de vie. L'application de la loi ne va pas sans heurts, comme le montre l'exemple d'« un patient complètement paralysé et démuni dont la mort n'était pas jugée assez imminente pour avoir droit à l'aide à mourir. Après deux tentatives de suicide, il s'est laissé crever de faim pendant 53 jours pour devenir, enfin, admissible aux diktats de la loi [160] ».

* * *

On était en dépression, vint cette bonne nouvelle :
le 14 septembre 2016, le ministre de la Santé et
des Services sociaux annonce l'abolition des frais
accessoires [161]. Rappelons qu'un recours judiciaire
avait été déposé par l'avocat en droit de la santé
Jean-Pierre Ménard pour mettre un terme à cette
pratique contrevenant à la Loi canadienne sur la
santé [162].

Gaétan Barrette a donc aboli une facturation...
illégale. Bravo quand même.

* * *

Au septième jour, le ministre de la Santé et des
Services sociaux se reposa. Il rejoignit ses collègues
du gouvernement libéral. Ils burent un verre. À leur
santé. Pas à la nôtre.

FRANÇAIS, LANGUE SECONDE

ON LE SAIT TROP BIEN, l'homéopathie est une chimère. Une nouvelle preuve nous en est fournie lorsqu'on constate qu'une goutte de Francos dans une mer d'Anglos est loin d'avoir enrayé l'anglicite, cette inflammation de la langue anglaise qui gonfle, gonfle, gonfle et envahit la tête et la bouche des Québécois. Malheureusement, plusieurs d'entre eux (pour ne pas dire la majorité) s'en foutent pas mal. Tels des lemmings, ils foncent vers l'océan anglo-saxon pour s'y noyer allègrement. Si la noyade est lente, pernicieuse, vicieuse, elle est aussi joyeuse, innocente, candide. Gambadant sur des sentiers escarpés qui menacent de les jeter dans la mer d'Anglos à tout moment, ils se disent que tout est *cool*, tout est *Yes* ! Tout est *All right* ! Tout est *Why not* ? À quoi bon *fighter* ?

Entre le résistant et le colonisé, le long décalage horaire se transforme en un court *jet lag*, le bizarre passe au *weird*, l'énorme est soudain *huge*, l'épeurant devient *creepy*, et Dieu a beau ne pas exister, on s'écrie tout de même : *My God* ! Comme si ce n'était pas assez triste, on laisse, en plus, tomber notre richissime banque de sacres, troquant nos glorieux « hostie », « criss », « câlice », « ciboère » et « tabarnac » contre un fade et réducteur *fucking*.

Ce serait peut-être moins grave si, à Toronto, on entendait les gens s'exclamer : « *Oh*, mon Dieu ! *I'm so tired because of my* câlice de décalage horaire. *I have an* énorme criss de *headache. It's* o bizarre *that it's* épeurant en tabarnac ! » Mais ce n'est pas le cas. Et ça n'arrivera pas de sitôt.

Ce serait peut-être moins paniquant si nos traîtres de frères (eh oui, les traîtres font toujours partie des nôtres) ne mettaient pas l'épaule à la roue pour nous faire disparaître ou pour faire de nous un inoffensif élément folklorique du Canada. Mais ce n'est pas non plus le cas. Et ça n'arrêtera pas de sitôt.

Le Québec *bashing* (comme on dit quand on est moderne), la francophobie ou, plus précisément, la Québécophopie, le mépris et la haine des Québécois, existent depuis que les Québécois existent. On nous invite à nous effacer et nous proposons de collaborer à notre effacement. Les genoux usés par la soumission, nous continuons à patauger dans ce mouroir pour la francophonie qu'est le Canada, le *plusse* grand beau pays le *plusse* faussement bilingue.

Oui, faussement bilingue, comme l'ont constaté Gilles Caron et Pierre Boutet, deux Albertains qui contestaient chacun la validité de leur contravention parce qu'elle n'avait été rédigée qu'en anglais. Fin 2015, Radio-Canada nous apprenait que les deux hommes avaient gagné en Cour provinciale, mais la Cour suprême a invalidé ce jugement. « Pas d'obligation du bilinguisme en Alberta et en Saskatchewan [163] ». L'avocat de Gilles Caron, M⁰ Roger Lepage, demeure candidement optimiste et pense que le gouvernement devrait s'engager à payer la traduction des lois et des règles de la Cour de la Saskatchewan et de l'Alberta, « pour qu'on ait les mêmes droits que les anglophones du Québec ont ». Pauvre Me Caron. C'est comme rien, il doit croire en Dieu...

Dans le but de nous faire rire (de nous) encore davantage, la ministre de la Justice de l'Alberta, Kathleen Ganley, déclare que son gouvernement reste engagé à soutenir la culture francophone en Alberta, malgré la décision de la Cour. Oh oui ! Elle s'engage à soutenir la culture francophone à condition qu'elle exprime son Molière dans la langue de Shakespeare.

* * *

Tout n'est pas nécessairement noir, il y a une lumière au bout du tunnel de la mort. Par contre, elle ressemble davantage à celle qu'on trouve sur les fusils des tireurs d'élite qu'à celle qui annonce le paradis. Le 3 mai 2016, Rochelle Squires était nommée ministre des Affaires francophones du Manitoba [164], alors qu'elle ne parle pas le moindre mot de français. Merveilleux ! Quoi de mieux qu'un anglophone unilingue pour défendre le français ? Si ça continue comme ça, dans cette province où l'on a pendu Riel, le rebelle, ce seront peut-être bientôt les végétaliens qui donneront des cours de chasse, les flics qui manifesteront contre la brutalité policière et les juifs, main dans la main avec les musulmans, qui ouvriront des porcheries.

* * *

Toujours dans la belle et grande optique du bilinguisme canadien *coast to coast*, la seule librairie francophone de Sudbury, en Ontario, a fermé ses portes en juin dernier[165]. La faute à Amazon ? C'est quand même curieux que toutes les librairies anglophones de la même région soient restées ouvertes. Depuis juillet, il ne reste donc qu'une seule librairie francophone dans tout le nord de l'Ontario : la librairie Le Nord, à Hearst.

* * *

Mais les choses vont changer, oh oui ! Et pour le pire... Ainsi, « Le français [n'est] pas obligatoire au gouvernement Trudeau[166] », apprenait-on en décembre 2015. Des 30 ministres qui forment le cabinet du fils de PET, à peine neuf affirment être à l'aise pour s'exprimer à la fois en anglais et en français ; et, sur ces neuf-là, il y a quatre députés québécois.

Quant aux cinq autres, l'histoire ne dit pas si on les considère capables de parler français parce qu'ils arrivent à dire « rendez-vous » et « déjà vu » sans s'enfarger. Le Canada est loin d'être bilingue. Le Canada est loin, mais il nous pile sur les pieds.

* * *

Dans *Le Journal de Montréal*, Josée Legault nous rappelle d'ailleurs qu'on connaît de plus en plus l'anglais au Québec tandis que chez les *Canadians* la connaissance de notre langue reste minimale. « À Montréal, l'anglais est exigé même pour les emplois au salaire minimum. À Ottawa, on peut être ministre sans connaître le français [167]. »

Morale : que tu pellettes du fumier ou que tu sois un ministre fédéral, l'anglais est obligatoire, même au Québec.

* * *

De toute façon, à quoi bon apprendre le français au cabinet Trudeau, puisque « le fédéral passe à la traduction automatique [168] » ? Mais attention ! La traduction automatique, ce n'est pas un système qui fait que, quand vous criez « Va chier » ou « Mange de la marde » à un député fédéral, il entend automatiquement « *Fuck you* ». Non. C'est beaucoup plus sophistiqué que ça et ça s'adresse à tous les fonctionnaires fédéraux. Dans un reportage de Catherine Lanthier sur ICI Ottawa-Gatineau [169], Donna Achimov, présidente-directrice générale du

Bureau de la traduction, explique : « Le but pour cet outil est vraiment pour améliorer la compréhension et d'encourager les gens de travailler dans les deux langues officielles et c'est une façon pour aider la politesse au travail. » Hum... Bien formulé. On dirait qu'elle a avalé le logiciel, la Donna !

Paul Gaboury, dans *Le Droit*, nous dit plus clairement que l'outil de traduction automatique doit remplacer d'autres outils déjà disponibles sur le marché, comme le très précis Google Traduction. Tout ça dans le but « d'améliorer la compréhension et la traduction de courtes communications internes non officielles ». L'outil sera seulement utilisé pour des petits messages entre collègues. Ça change tout ! Les fonctionnaires unilingues anglophones pourront écrire de courtes missives à leurs confrères francophones et bilingues dans leur propre langue, et ce, sans faire d'efforts ni risquer d'apprendre de nouveaux mots de français. Vive la technologie !

* * *

Mais comment, diantre, régler ce problème de la dualité linguistique sans emprisonner ni exécuter tous les francophones qui réclament un vrai bilinguisme ? En faisant « des consultations pancanadiennes sur le nouveau "plan d'action" du gouvernement sur les langues officielles[170] ». Et à quoi vont servir ces consultations ? À protéger « la paix linguistique au Canada [qui] pourrait être menacée par le manque de bilinguisme chez les jeunes anglophones », nous dit nul autre que le président et chef de la direction de la Chambre de commerce du Montréal métropolitain.

Le député libéral de Mont-Royal, Anthony Housefather, quant à lui, est venu expliquer en anglais que « nous devons trouver des moyens d'encourager les jeunes anglophones à se sentir bien au Québec pour qu'ils y restent ». Ne soyons pas méchants : s'il l'a dit en anglais, c'est pour être certain que ça tombe dans les bonnes oreilles.

* * *

On aurait souhaité que cette fameuse paix linguistique se fasse par l'immigration, mais, comme nous l'apprenait *Le Devoir* en janvier dernier, « les cours de français [sont] boudés par les immigrants ». Le journaliste précise que « 60 % des immigrants adultes qui ne connaissent pas le français en arrivant au Québec refusent de suivre les cours de français qui leur sont offerts gratuitement par l'État[171] ». Ils ont raison, ces coquins d'immigrants ! Pourquoi apprendre à parler français quand il suffit de parler argent pour (sur)vivre ?

* * *

Les patrons l'ont très bien compris, eux : « Les usines veulent embaucher des immigrants qui ne connaissent pas le français »[172]. Ça tombe sous le sens, pas besoin de connaître le français pour visser un bidule dans un machin-truc au rythme d'un à la seconde. Après tout, le *bzzzz* de la visseuse est un bruit qui veut dire la même chose en farsi, en arabe ou en espagnol. J'entends déjà les maudits gauchistes critiquer la chose en arguant qu'on ne cherche qu'à transformer les immigrants en robots. Foutaise ! L'AMEQ (Association des manufacturiers et exportateurs du Québec) pense qu'il ne faut pas gosser les travailleurs pour qu'ils apprennent le français avant qu'ils ne fassent « Bzzzz ». En gros, ce qu'ils disent, c'est ceci : l'économie a un besoin urgent de bras et de jambes. Envoyez-nous ça, on leur ajoutera une langue à l'usine ! Pour le président de l'AMEQ, Éric Tétrault, « même sans cours de français, si vous le laissez sur le plancher six mois, un an, il va se débrouiller et il va apprendre son français à l'usage. Ça va très vite quand vous êtes dans un milieu de travail, ça va plus vite que dans tout autre milieu parce que la collaboration est absolument essentielle sur une chaîne de montage ».

C'est vrai que ça va très vite ; on a tous côtoyé un immigrant qui, après deux jours, connaissait déjà la signification des mots « déguedine », « enwoye », « grouille » ainsi que « ayoye » et « infirmerie ».

Qu'à cela ne tienne : en 2016, le gouvernement du Québec a choisi d'amputer de moitié l'aide à la francisation en entreprise [173]. Merveilleux !

* * *

Le 7 avril 2016, on apprenait que les nouveaux arrivants unilingues francophones avaient plus de misère à se trouver du travail que ceux qui parlent seulement l'anglais. En fait, les immigrants francophones ont un taux de chômage de 40 % plus élevé que les immigrants anglophones[174]. Tout ça parce que les employeurs du Grand Montréal exigent généralement le bilinguisme. Oh ! mais attendez une seconde... Un unilingue anglophone n'est pas plus bilingue qu'un unilingue franco, non ? Les employeurs du Grand Montréal ont tout compris, eux : pour travailler à Montréal, il faut parler anglais, fût-ce pour plier des serviettes ou curer des chiottes !

* * *

Mais pourquoi s'apitoyer sur le sort de notre langue quand, nous le savons, le temps arrange tout ? Les nouveaux arrivants n'apprennent pas toujours le français, car subvenir aux besoins de la famille passe en premier, et nous pouvons le comprendre. Qu'on se rassure, leurs enfants le parleront. Sauf si notre bon gouvernement n'investit « pas d'argent frais pour la francisation des enfants d'immigrants[175] ». Lors de la dernière année uniquement, les libéraux ont amputé de 26 % les 51,4 millions de dollars consentis aux commissions scolaires pour aider les ti-culs à apprendre notre langue, soit le quart du budget. Comme l'explique la présidente de l'Alliance des professeures et professeurs de Montréal, « quand on ne maîtrise pas bien la langue française et qu'on n'a pas les services nécessaires, on accumule les retards. Donc, on parle peut-être d'élèves qui pourraient développer des difficultés d'apprentissage, qui pourraient être référés dans des classes spécialisées, qui auraient besoin d'autres services d'enseignants orthopédagogues ou autres. C'est sans fin [176] ». Sans fin de mauvaise foi, oui.

* * *

C'est épuisant d'essayer de protéger et de défendre sa langue au Québec, et ça va finir par nous rendre tous malades. Mais il vaudrait mieux pas, parce que, comme l'explique la D[re] Christiane Laberge, médecin de famille qui pratique dans l'ouest de la métropole, « on reçoit de plus en plus de rapports rédigés uniquement en anglais [177] ». À Lachine, « 72 % de la population est francophone. C'est faire preuve d'un mépris de haut niveau que de ne pas rédiger les rapports médicaux en français ».

Quand tu ne peux même plus souffrir dans ta langue, c'est grave. Christiane Laberge a osé relancer des médecins pour obtenir un rapport dans sa langue et dans la langue de son patient; on lui a répondu que ça prendrait de deux à six mois ! Quand c'est tout le temps qui te reste à vivre, tu te demandes si tu vas être obligé de quitter ce bas monde en poussant un dernier *What* ? pour essayer de comprendre ce qui t'a tué.

* * *

À quoi bon résister ? Le français est une lancinante épine dans le pied de l'anglais. C'est du moins ce que tente de nous faire croire Jean-Michel Genois Gagnon dans *Le Soleil* quand il écrit : « L'affichage unilingue francophone sur les routes et dans les lieux publics irrite certains touristes américains. Selon une étude de l'Office du tourisme de Québec (OTQ), il s'agirait de l'un des points négatifs de la capitale[178]. » L'article commence ainsi, bien que seulement 9 % des 7 000 Américains sondés aient nommé l'affichage parmi les points négatifs, contre 16 % pour le climat. Ah bon !

* * *

Ne sombrons pas dans un pessimisme crasse. C'est connu, les Québécois râlent toujours. À Toronto, pourtant, le français a carrément cessé d'exister au début de l'année. Du moins peut-on le conclure en apprenant que « le calendrier de Toronto [a été] traduit en six langues, mais pas en français[179] ». Naturellement, la Ville de Toronto s'est *esscusée*. C'est même une francophone, Nicole Dufort, représentante de la Ville, qui a pris le porte-voix : « La ville de Toronto regrette l'erreur », a-t-elle écrit au *Toronto Star*, qui avait sorti l'affaire. Imaginez : une représentante francophone d'une ville anglophone qui écrit à un quotidien anglophone pour *esscuser* le fait qu'on ait ignoré l'existence de sa propre langue... Pauvre Nicole ! Je te conseille de déménager à Montréal. Tu n'auras plus à t'embêter avec le français. Tu pourras même fonctionner uniquement en anglais, si tu veux. De toute façon, un calendrier, c'est fait pour afficher des filles toutes nues ou des pompiers tout nus. Ou les deux.

On nous dira d'arrêter de japper, puisqu'au Québec nous avons la loi 101. La belle affaire ! La loi 101 a tellement été charcutée qu'elle n'a plus vraiment de pouvoir et ne sert plus qu'à compter des dalmatiens...

* * *

Le Canada n'assurera plus la pérennité du français ? Qu'à cela ne tienne, Québec s'en chargera, ou plutôt le PLQ, qui nous gouverne depuis plus de 13 ans et qui ne propose « toujours pas de plan pour l'amélioration du français à l'école [180] ». Une autre des promesses non tenues par le bon docteur Couillard. La situation est pourtant dramatique : plus d'un jeune sur quatre qui a passé 11 ans à l'école est incapable de réussir le test de français écrit imposé à la fin du secondaire ; même s'il a droit au dictionnaire, à la grammaire et à un recueil de conjugaisons. Pour l'année 2016, si on parle seulement de grammaire et d'orthographe, la proportion d'échecs double quasiment. C'est un élève sur deux ki é pâ capab de ray ussir le tess !

* * *

Voilà donc où nous en sommes : nous formons des illettrés. Ça va de mieux en mieux. En cas de référendum sur la souveraineté du Québec, plus besoin de s'inquiéter puisque la moitié de la population votera automatiquement non car elle sera incapable de comprendre la question, quelle que soit sa formulation.

L'ÉDUCATION,
À QUOI ÇA SERT ?

L'ANNÉE 2016, EN ÉDUCATION, aura été celle de
la continuité et de la persévérance. En effet, notre
système d'éducation continue son long délabrement
et le gouvernement persévère dans son aveuglement
et son mutisme volontaires à laisser les choses aller
d'elles-mêmes jusqu'au fond. Comme le veut la
tradition, trois ministres[181] auront pris en main la
destinée de nos élèves et nous auront à chaque fois
promis « d'améliorer le taux de réussite, d'investir
dans les écoles et de rénover les écoles vétustes ».
Avec un budget record de 17,2 milliards, on ne
pouvait qu'espérer mieux pour l'ensemble des professeurs et des élèves, mais, une fois de plus, on aura eu
pire. Les négociations entre le Front commun du
secteur public (CSN) et le gouvernement auront
été ardues et au détriment des professeurs, qui ont
majoritairement voté pour leur appauvrissement.

Lorsqu'on considère sérieusement qu'une somme forfaitaire de 250 $ versée aux professeurs en 2019 peut servir « d'outil de négociation », on ne peut que rougir d'embarras. Les syndicats, apôtres du consensus, voyant vertu dans le misérabilisme, sont demeurés à genoux : « La salade de pâte est notre pitance quotidienne, dans trois ans elle sera encore bonne. » Les chiffres, nous le savons, peuvent faire dire bien des choses, et la valeur réelle de 250 $ peut se décliner comme suit : lorsque seront prélevés à la base les impôts provincial et fédéral, l'Assurance emploi, le RRQ (Régime des rentes du Québec), le RQAP (Régime québécois d'assurance parentale), le RREGOP (Régime de retraite des employés du gouvernement et des organismes publics), la cotisation syndicale, l'assurance maladie, l'assurance salaire et le permis de stationnement, il ne restera à l'employé (on aura noté ici l'appellation dégressive : professeur, enseignant, apprenant, employé) qu'environ 120 $. Tiens, poursuivons la valse des chiffres, tant qu'à être en plein délire, et commençons dès aujourd'hui à augmenter le salaire des profs : 76 cents de plus par semaine durant trois ans, soit 10 cents par jour... Faites le test. Donnez 10 cents à un mendiant en le regardant dans les yeux et attendez sa réaction. Vous serez chanceux s'il ne vous crache pas dessus.

* * *

Les vraies catastrophes sont pourtant inquantifiables, comme le sont les coûts réels du décrochage scolaire ou de la sous-éducation pour une société. Les écarts se creusent. Combien de moins gagnera un garçon issu de l'école publique en comparaison d'une fille qui aura fait toutes ses études dans une école privée ? Il est bien là, le scandale : dans les chiffres invisibles des experts comptables, dans les méandres silencieux des multiples réformes et de leurs spécialistes, dans l'obésité exponentielle des administrations scolaires et de leurs directeurs surpayés. « Le décrochage scolaire a augmenté au Québec sous les libéraux [...], à chaque année plus de 18 200 adolescents rejoignent les rangs des décrocheurs des années précédentes [182]. »

* * *

L'avenir est sombre. Nous sommes obligés de reconnaître que l'éducation n'est pas une valeur commune, que les professeurs sont déconsidérés, voire méprisés par la majorité de la population et de son gouvernement. À l'Assemblée nationale, le 23 octobre 2015, Alexandre Cloutier déplorait justement le désintérêt du ministre de l'Éducation : « Le ministre de l'Éducation refuse de visiter une seule école. Le ministre de l'Éducation, François Blais, est en poste depuis maintenant 238 jours et il n'a toujours pas mis les pieds dans une seule des 191 écoles de la Commission scolaire de Montréal, la plus grosse commission scolaire au Québec, malgré les invitations répétées du milieu de l'éducation. Le Parti québécois a dû déposer une motion à l'Assemblée nationale, cette semaine, pour inciter le ministre à enfin aller voir ce qui se passe sur le terrain, au quotidien, dans nos écoles. Le gouvernement libéral a refusé de l'appuyer. Le ministre Blais préfère continuer de gérer l'éducation comme une colonne de chiffres, en étant complètement déconnecté de la réalité des élèves, des parents, des professeurs, des professionnels, des directions et du personnel de nos écoles. Constatez par vous-mêmes le ridicule de la situation [183]. »

DES RECTEURS ET DES RATS

Cette année, le recteur de l'Université du Québec à Chicoutimi (UQAC), Martin Gauthier, a rejoint le club sélect des « magnats de l'éducation » en supprimant 32 postes de professeur et en sabrant sérieusement dans le personnel de soutien [184]. Geneviève Tanguay, qui a été vice-rectrice à la recherche, à la création et à l'innovation de l'Université de Montréal pendant un peu moins de quatre ans, est repartie en juin 2016 avec une indemnité de 252 997 $. L'Université Concordia a toutefois fait mieux en accordant une indemnité de départ de 235 000 $ à Sonia Trudel après trois mois comme directrice des finances [185].

* * *

Tout le monde est touché par l'austérité sauf la haute direction. Depuis 10 ans, le nombre d'étudiants dans les universités a augmenté de 13 %. Au cours de la même période, la hausse a été de 71 % dans les rangs des hauts dirigeants. Ces grands administrateurs n'ont aucun contact avec les professeurs ni avec les étudiants. Leur travail consiste à faire des rapports au ministère de l'Éducation. Rapidement tablettés, ces rapports auront coûté cette année près de 50 millions [186].

* * *

De l'autre côté du spectre, l'école Vanier de Québec a commencé l'année avec une infestation de rats [187], mais, selon la porte-parole de la Commission scolaire de la Capitale, il n'y a pas de quoi fouetter un chat. De la pourriture, il y en aura toujours, et, pour décrocher un emploi à la Commission scolaire de Montréal (CSDM), où 75 % des écoles sont délabrées, dont 27 bâtisses devraient être démolies [188], il faut maintenant être officiellement résistant à la moisissure et à la mauvaise qualité de l'air [189].

* * *

L'actuel ministre de l'Éducation, l'avocat Sébastien Proulx, aura toutefois ces mots laconiques laissant présager des jours meilleurs : « J'avais honte de savoir qu'il y avait des souris qui côtoyaient nos élèves à l'école des Plateaux [190]. »

Moé j'ai un école, un gros école

Le travestissement des établissements scolaires en entreprises privées s'est encore accéléré en 2016. Même si c'est illégal, on donne des bonis aux cadres les plus performants de l'entreprise. Selon le Vérificateur général du Québec, quatre universités [191] ont versé 818 000 $ à certains cadres.

* * *

Un bon gestionnaire doit savoir où compresser. Bernard Garnier, vice-recteur aux études de l'Université Laval, est exemplaire. En plaidant la « pertinence économique », il a fait fermer trois programmes cette année [192]. Il a bien raison, car à quoi peut bien servir la muséologie quand on s'apprête à fermer tous les musées ?

* * *

Les CÉGEPS et les universités se font régulièrement rappeler à l'ordre par de grands bonzes les exhortant à produire plus de main-d'œuvre. Le chef de la direction de la Banque CIBC, le nouvellement nommé Victor Dodig, y est allé d'un cri du cœur : « Les programmes d'éducation postsecondaire ne produisent pas le genre de compétences dont les industries ont besoin [...], plusieurs personnes sont suréduquées et sous-qualifiées pour les emplois dont l'économie a besoin [193]. » Rappelons que ce grand donneur de leçons a empoché 7,1 millions en 2014.

* * *

Les grands détrousseurs de notre système d'éducation ne se font jamais prendre ; ils ont les coudées franches et connaissent des gens haut placés. Par ailleurs, les voleurs à la petite semaine se font parfois arrêter. En janvier 2016, l'ex-directrice des finances du CÉGEP Édouard-Montpetit, Stéphanie Paquette, a reçu dans son bungalow de Saint-Jean-sur-le-Richelieu la visite de l'UPAQ. Elle fut formellement accusée de fraude, d'abus de confiance, d'emploi d'un document contrefait et de méfait. Plus de 100 000 $ auraient disparu des caisses du CÉGEP. Son complice, le bien nommé Dino Marcoux, a aussi été arrêté. Les employés du CÉGEP [194] auraient été maintenus dans l'ignorance durant plus de six mois, puis, après les révélations des journalistes, tenus au silence. Depuis, c'est toujours le silence...

LES ENFANTS D'ABORD

À l'instar de son malaise existentiel, l'éducation révélerait toute l'étendue du paradoxe québécois. On investit et on abolit. Les classes sont saturées, mais on trouve le moyen de rajouter des élèves. À la CSDM, on prône la réussite scolaire, mais on prévoit d'éliminer entre 20 et 40 postes d'orthopédagogue [195].

* * *

Malgré les chiffres alarmants et une situation de plus en plus intenable pour les professeurs, les élèves en difficulté et leurs parents, le gouvernement Couillard n'y voit d'autre solution que de compresser davantage. À la Commission scolaire de Laval, on prévoit de réduire de 1,4 million le budget alloué aux élèves handicapés ou en difficulté. « Cette coupe projetée [...] s'ajoute à des compressions de 3,35 millions pour l'année 2015-2016 [196]. »

* * *

L'intégration des élèves handicapés ou en difficulté d'adaptation ou d'apprentissage dans les classes régulières (EHDAA) apparaissait d'emblée comme une solution convenable afin de respecter l'égalité des chances dans notre société. L'utopie tourne parfois au cauchemar. De 2001 à 2011, le nombre d'élèves EHDAA a augmenté de 50 % dans les écoles de la province. Ils sont maintenant 176 000 [197]. Les professeurs n'en peuvent plus. Faute de psychologues, d'orthopédagogues et de techniciens spécialisés, c'est à eux de pourvoir à cette nouvelle tâche pour laquelle ils n'ont reçu aucune formation. Le chaos est à prévoir.

* * *

Cinquante-sept pour cent des élèves de la Commission scolaire des Rives-du-Saguenay ont une certification de EHDAA et fréquentent l'école publique régulière. Dans la commission scolaire voisine, celle du Lac-Saint-Jean, le chiffre est de 84 %[198].

* * *

Selon l'Institut de la statistique du Québec, 53 % des Québécois âgés de 16 à 65 ans éprouvent des difficultés à comprendre un texte écrit. On les appelle les « analphabètes fonctionnels ». Ils peuvent lire un article concernant le sport ou la météo, mais sont incapables de saisir une idée transmise par un texte, un éditorial, par exemple. Nous serions les moins bons du Canada, mais le Nouveau-Brunswick et Terre-Neuve sont là pour nous donner bonne conscience. Nous diplômons des analphabètes, la roue doit tourner et le financement des écoles fonctionne ainsi : nous payons 50 % lors de l'inscription et 50 % lors de la remise des diplômes. Mot d'ordre : diplômons à tout prix !

- 63% des diplômés du niveau secondaire sont considérés comme des analphabètes fonctionnels.

- 40 % des diplômés du niveau collégial sont considérés comme des analphabètes fonctionnels.

- 27 % des diplômés du niveau universitaire sont considérés comme des analphabètes fonctionnels[199].

* * *

Le 16 septembre 2016, le ministre de l'Éducation a proposé une vaste consultation publique sur l'avenir de l'éducation au Québec. Cette consultation, bien que dirigée sur trois axes précis, se fera en ligne jusqu'au 10 novembre et représente une rare occasion pour les citoyens de rétablir le dialogue avec les instances décisionnelles. Nous espérons une participation active et soutenue de la part des professeurs, du CPE à l'université, tant des collèges privés de Montréal que des écoles publiques défavorisées des régions. Les mieux placés pour comprendre la situation, ébaucher un plan de relance et redonner un peu d'espoir à la jeune génération sont de toute évidence les profs. La réussite scolaire est issue de la relation privilégiée entre un élève et un maître. Tout autre modèle d'apprentissage est l'effet d'une mode et n'a pas encore fait ses preuves [200].

MILITARISME ET DÉRIVE SÉCURITAIRE

Dans l'esprit général, « militarisme » et « dérive sécuritaire » évoquent immanquablement l'impérialisme américain, l'État d'urgence français, la guerre contre le terrorisme – bref, ça sonne comme un écho lointain à l'intérieur des frontières du *plusse meilleur pays au monde*. Mais rassurez-vous (ou inquiétez-vous, c'est selon), notre politique de marque maison, tout aussi insipide, diluée et grasse que son équivalent alimentaire, nous a gavés toute l'année de moments de paranoïa qui ont bien rempli l'agenda sécuritaire et les coffres des marchands de mort.

Loi C-51

Nouveau gouvernement, mêmes politiques.

Tel devrait être le slogan de toute campagne électorale, à commencer par celle qui, vers la fin de l'année dernière, portait au pouvoir l'héritier de la première dynastie politique canadienne.

On peut le dire, après seulement une année de gouvernance : quel écran de fumée ! Au-delà des *selfies* et des acrobaties médiatiques qui nous montrent depuis déjà belle lurette que le fruit n'est pas tombé loin de l'arbre à ce chapitre, le gouvernement libéral n'a fait que poursuivre les mêmes politiques militaristes et sécuritaires que son prédécesseur conservateur.

Par contre, on ne peut pas dire que ce gouvernement ne tient pas ses promesses, puisque la loi C-51, qu'il a soutenue en Chambre lors de son adoption en 2015, demeure toujours en vigueur et faisait, en 2016, deux innocentes victimes en la personne de John Nuttall et Amanda Korody[201], un couple de Colombie-Britannique embarqués malgré eux dans un faux complot terroriste orchestré par des agents de la Gendarmerie royale du Canada. Nuttall est un ex-héroïnomane qu'on a surpris à parler vaguement de *jihad*, ce qui a déclenché une opération de surveillance de cinq mois. Les faux terroristes ont convaincu Nuttall et sa conjointe, Amanda Korody, de placer des bombes au Parlement de Colombie-Britannique, tout en leur fournissant le matériel – des bombes factices, tout de même, ils ne sont pas complètement bêtes !

Arrestation, condamnation, puis libération après le dévoilement, au cours du procès, des tactiques policières illégales de la GRC, qui ont, somme toute, « fabriqué des terroristes », comme l'écrivait Paul Journet dans *La Presse* en août 2016[202]. Rien pour désamorcer le discours des conspirationnistes pour qui tous les terroristes sont pilotés par les forces obscures de l'État profond.

L'affaire Nuttall-Korody n'est, au fond, que l'aboutissement logique d'une loi liberticide qui, déjà en 2015, inquiétait notamment les groupes écologistes, les activistes des Premières Nations[203] et les associations de défense des libertés civiles, qui y voyaient et y voient toujours une menace directe contre la dissension politique et économique[204] – après tout, un des articles de la loi définit comme « acte terroriste » toute perturbation de l'activité économique au Canada.

HOROSCOPE : L'ANNÉE DU *CHICKENHAWK*

« Il nous faut plus de Carrie Mathison », tweetait valeureusement François Legault l'an dernier, dans la foulée des attentats qui ont visé la rédaction de *Charlie Hebdo* en janvier 2015, faisant référence à l'agente de la CIA incarnée par Claire Danes dans la série américaine *Homeland*[205].

Une déclaration qui représente bien le degré de compréhension qu'ont des questions sécuritaires non seulement notre gérant de caisse populaire national, mais l'ensemble de la classe politique et médiatique, qui ont rivalisé de bêtise au cours des douze derniers mois, gobant la propagande paranoïaque et sécuritaire comme des poissons mordant à un ver de terre.

* * *

Les exemples pullulent, alors résumons – une trop longue énumération risquerait de vous plonger dans un état qui ferait passer Nietzsche pour Éric Salvail.

En août 2016, la députée caquiste Nathalie Roy dénonçait une subvention accordée par le gouvernement provincial à l'organisme « Palestinian House (sic) » dans le cadre du Forum social mondial[206]. La raison ? L'organisme, qui s'appelle en réalité « Palestine House » (dur temps pour faire ses recherches à l'ère de Google), s'est vu refuser par le ministère de l'Immigration, en janvier 2012, le renouvellement d'une subvention fédérale pour « soutien à des groupes extrémistes[207] ». Motif ? L'organisme honorait en 2008 George Habash, fondateur du Front populaire de libération de la Palestine, un groupe armé qui fut surtout actif...

dans les années 1970. Autre motif invoqué par le ministre d'alors, Jason Kenney : le soutien accordé par « Palestine House » au mouvement Boycott, désinvestissement et sanctions (BDS), classé « antisémite » par le plus ou moins honorable *chickenhawk* conservateur, rien de moins.

Puisqu'il est question de BDS, un autre digne représentant du peuple au sein du parti « du gros bon sens », Benoit Charette, s'inquiétait de la présence de ce mouvement au sein du FSM puisqu'il s'agit là d'un groupe « qui défend des positions anti-Israël qui vont à l'encontre du consensus international sur la solution négociée de deux États pour deux peuples au conflit israélo-palestinien[208] ». Bref, exiger de respecter un consensus serait une condition nécessaire pour prendre part à la démocratie, si l'on en croit cet esprit aiguisé qui aurait intérêt à lire un ou deux livres d'histoire pour comprendre comment sont nés notre système politique actuel et « nos valeurs » présentes, qui ne sont certainement pas le fruit d'un « consensus ».

* * *

Les crieurs publics officiant comme chroniqueurs et commentateurs dans nos grands médias restent toutefois les plus grands astrologues de cet horoscope qui célèbre l'année du *chickenhawk*. Éric Duhaime, chihuahua radiophonique qui, comme son homologue canin, jappe plus fort qu'il ne mord, a gaspillé un temps d'antenne impossible à récupérer et de nombreux octets sur les réseaux sociaux à dénoncer le retrait du Canada de la guerre contre l'État islamique, par suite de l'annonce de l'arrêt des bombardements aériens par les avions de chasse canadiens, notamment en août dernier[209]. Mais, comme l'a dit le principal intéressé, « mieux vaut une mauvaise information que pas d'information du tout » (il devrait songer à vendre des T-shirts). Surtout que le gouvernement a annoncé, parallèlement au retrait des CF-18 d'Irak, qu'il allait tripler le nombre de soldats des forces spéciales sur le terrain pour entraîner les combattants kurdes au nord de l'Irak[210].

Évidemment, on parle de ce même Éric Duhaime qui, en 2015, a basé une campagne de peur, à propos de l'arrivée de réfugiés syriens au Canada, sur une fausse nouvelle qui relatait l'assaut d'un poste de la Croix-Rouge par ceux que les médias ont choisi d'appeler des « migrants ». C'est aussi à ce moment qu'il a publié pour la première fois son infâme slogan pro-désinformation. Une ligne de pensée qu'il a reconduite lorsqu'il a abordé la question de l'authenticité de la photo du petit Alan Kurdi, le jeune réfugié mort noyé et dont on a retrouvé le corps sur une plage italienne en juin 2015[211].

Aucunement irresponsable quand on jouit d'une des plus grosses tribunes radiophoniques à Québec et qu'on échange chaque jour avec près de 50 000 personnes sur Facebook...

* * *

Les chroniqueurs du « *Journal* des vraies affaires » n'allaient pas se laisser damer le pion. Mathieu Bock-Côté, toujours aux prises avec sa psychose gaulliste, appelait en mars 2016 à « faire la guerre, pas l'amour[212] ». Quelques mois auparavant, son texte titré « On ne déclare pas la paix, on déclare la guerre[213] » se lisait comme une véritable fable à la gloire des guerres passées qui auraient su préserver notre civilisation contre la barbarie, entrecoupée de raccourcis et d'élans de prose pseudo-churchillienne quand il ne réduisait pas les critiques à une joyeuse bande de pacifistes naïfs.

À vouloir appeler le bon peuple aux baïonnettes pour s'inventer un rôle dans l'Histoire en marche, on lui souhaite de trouver le chemin vers le centre de recrutement de l'armée le plus proche.

Richard Martineau (qu'on imagine tout aussi mal avec un fusil et un casque) s'est lui aussi lancé dans la propagande, recrachant celle-ci aussi vite qu'il l'avale. Quand il n'accuse pas le gouvernement et son premier ministre de chanter *Kumbaya*, il se contente de traiter d'idiots utiles des « islamo-fascistes[214] » ceux et celles qui apportent la moindre nuance, en les qualifiant, non sans une ironie pourtant facile à saisir, « d'islamo-gauchistes » (les « judéo-bolchéviques » du XXIe siècle, sans doute).

Soucieux d'un effort de parité, mentionnons néanmoins l'effort de guerre de Mme Bombardier qui, à propos d'un incident impliquant des étudiants musulmans du collège de Maisonneuve, écrivait que le CÉGEP du quartier Hochelaga-Maisonneuve était sous la mainmise d'un « commando islamiste[215] », rien de moins ! On peut s'inquiéter avec raison de la présence d'un Adil Charkaoui autour de jeunes esprits malléables (soyons tout de même magnanimes envers la pauvre !), mais le prix à payer pour garder le statut d'intellectuelle devrait inclure la rigueur et le rejet de l'hyperbolisme.

À LA DÉFENSE D'UN PACTE FAUSTIEN

On ne saurait parler de toute cette dérive sans rappeler que le Canada, à l'instar de ses partenaires occidentaux, a continué à jouer les pompiers pyromanes sur une planète déjà assez embrasée, tout en assurant au bon peuple que non seulement ses taxes étaient bien investies pour rendre le pays sécuritaire, mais aussi que sa participation à l'industrie de la charcuterie humaine légalisée était excellente pour l'économie. En janvier 2016, le *Globe and Mail* rapportait que le Canada était devenu le deuxième plus gros exportateur d'armes vers le Moyen-Orient. Sur 3,11 milliards de dollars en vente d'armes dans le monde par le Canada, 2,7 milliards proviennent de la région[216].

* * *

Évidemment, l'infâme contrat avec l'Arabie saoudite nous vient en tête. Vieille nouvelle, direz-vous ? Elle trouve pourtant le moyen de se renouveler. Cette année, c'est l'ineffable ministre des Affaires étrangères, Stéphane Dion, qui s'est dit « impressionné par l'ampleur de nos relations commerciales[217] » avec la dictature arabe. En grand intellectuel, il est parvenu à pervertir la pensée de Max Weber davantage qu'elle ne le fut jamais, en parlant de « conviction responsable[218] » pour justifier la vente de véhicules blindés à un pays qui, pour reprendre les mots de l'écrivain franco-algérien Kamel Daoud, n'est qu'un « Daech qui a réussi[219] ».

Déjà en mars 2016, 70 personnes avaient été décapitées dans tout le royaume[220]. L'Arabie saoudite mène également une guerre au Yémen, où elle se livre à des crimes de guerre comme le bombardement de marchés publics et d'hôpitaux[221]. Des exactions et des violations des droits de la personne qui, à elles seules, devraient justifier l'annulation de ce contrat taché de sang, si l'on en croit la réglementation canadienne en matière de transactions d'armes. Le wahhabisme saoudien sert d'inspiration directe à la pensée religieuse de l'État islamique, devenant ainsi le *pusher* idéologique de ce groupe terroriste.

Quelque part, Faust se dit que son histoire est incomparablement banale.

* * *

On nous répète sans cesse que tout n'est que *realpolitik* et que cette dérive militariste et sécuritaire est le prix à payer pour faire valoir nos intérêts ; que le Canada, comme le reste de l'Occident, conserve tout de même le statut de compas moral et se doit, au nom de l'interventionnisme humanitaire, d'agir en gendarme mondial.

Un simple effort de pensée critique transcendant la propagande ambiante suffit à convaincre du contraire.

Et, comme le disait Émile Zola dans *J'accuse*, il s'agit là d'un exercice bien impersonnel : « Quant aux gens que j'accuse, je ne les connais pas, je ne les ai jamais vus, je n'ai contre eux ni rancune ni haine. Ils ne sont pour moi que des entités, des esprits de malfaisance sociale. Et l'acte que j'accomplis ici n'est qu'un moyen révolutionnaire pour hâter l'explosion de la vérité et de la justice. »

DES POURRIS
ET DES HOMMES

Les policiers ne sont pas des poètes. Les poètes ne sont policiers que grâce au génie, mais police et poésie ont en commun davantage que l'initiale. Dans l'une et l'autre on peut exprimer ses ardeurs les plus intimes. C'est pourquoi la police est si dangereuse.

CASAMAYOR, *La Police.*

LA POLICE EST LE BRAS ARMÉ DE L'ÉTAT. Lors du Printemps érable, les forces de l'ordre et le Parti libéral du Québec accordaient pourtant leurs violons sur la même fausse note pour nous répéter quotidiennement, sur toutes les tribunes, qu'il n'existait pas de police politique au Québec. Les arrestations arbitraires, le profilage, les balles de plastique tirées en plein visage : les libéraux, en train de bâcler une loi spéciale, n'avaient rien à voir, disaient-ils, avec cette dérive policière. Un grossier mensonge que trop de Québécois croient encore. L'État en tant que groupement politique a sur son territoire le monopole de la violence physique légitime, il délègue aux policiers le pouvoir d'employer la force pour maintenir ou rétablir l'ordre public [222]. La police est radicalement politique.

D'immenses responsabilités viennent avec ce droit que l'État confère aux policiers. La place privilégiée que la société leur fait ne sera jamais au-dessus des lois ; au contraire, nous sommes au moins en droit d'attendre de nos protecteurs une éthique à l'épreuve de toute tentation légalement regrettable.

L'année 2016, hélas, aura produit une autre grande cuvée de crimes commis par des policiers : agressions sexuelles, voies de fait, trafic de stupéfiants, usage négligent d'une arme de service, fraude, entrave à la justice, conduite avec facultés affaiblies et interventions qui tournent mal. Notre lien de confiance avec la police a été étiré jusqu'au bout.

SPLENDEURS ET MISÈRES DE LA POLICE PROVINCIALE

La hausse du taux de criminalité dans la Sûreté du Québec a été remarquable. En mars 2016, 36 policiers de la SQ faisaient l'objet d'accusations criminelles [223].

Entre 2014 et 2015, nous pouvions encore compter sur nos doigts les huit policiers qui avaient été formellement accusés. Guy Lapointe, porte-parole de la SQ, demeure toutefois optimiste : « Avec 36 cas sur l'ensemble des membres, on parle quand même d'une infime minorité. Il faut voir la gravité des accusations. Conduite avec facultés affaiblies, chicane entre voisins, menaces. C'est souvent des cas plutôt mineurs, bien qu'il y en ait des plus graves », a-t-il convenu. Ceux qui croyaient que le fait de conduire saoul ou de menacer des gens étaient des actes graves, vous êtes prévenus, on est capable de bien pire dans la SQ.

* * *

Ces 36 accusations n'incluent pas les huit policiers de Val-d'Or visés par des allégations d'abus sexuels sur des femmes autochtones. L'émission *Enquête* du 22 octobre 2015 nous aura permis d'entendre trois Algonquines qui affirment avoir été forcées d'offrir des services sexuels à des agents de la SQ contre de l'argent, de la cocaïne, parfois les deux, et parfois contre rien du tout[224]. L'une d'elles, Bianka, confiait qu'au moins six policiers l'avaient emmenée en forêt pour lui faire boire des bières, lui demander une fellation ou un service complet et la laisser rentrer à pied. « Ils me payaient chacun 200 $; 100 $ pour le service, 100 $ pour que je ferme ma gueule », a-t-elle révélé en précisant que, les premières fois, elle avait 16 ans. Une autre femme, Angela, avait 19 ans quand elle a dû faire une fellation à un agent au poste de police afin d'être relâchée.

Là-bas, embarquer une autochtone éméchée, l'emmener au milieu de nulle part, briser son téléphone et la laisser revenir à pied pour qu'elle dégrise est une pratique courante, les policiers appellent cela une *cure géographique*. Une autre femme, Priscilla, confiait avoir été victime de cette pratique totalement inacceptable. Alors pourquoi ne pas porter plainte ? « Ça me donne une peur bleue, dit-elle. Après, ça va être la Cour. Et qui va me protéger après la Cour ? Qui va me protéger quand je vais repartir chez nous ? Qui va me protéger, rendue chez nous ? » Nous nous le demandons aussi.

Depuis cette dénonciation médiatique, la SQ n'est pas montée au front pour dire qu'elle s'attaquerait au problème. Elle a préféré jouer la victime en mandatant son syndicat de déposer une accusation contre Radio-Canada[225].

Le reportage aura néanmoins mené à l'ouverture de 14 enquêtes. Le Service de police de la Ville de Montréal (SPVM) devra présenter au Directeur des poursuites criminelles et pénales (DPCP) assez de preuves pour porter des accusations contre les huit agents qui, en attendant, sont assignés à des tâches administratives. Avec des allégations si nombreuses et si importantes, l'analyse des rapports d'enquêtes promet d'être longue. Le SPVM a identifié jusqu'à présent 30 victimes potentielles qui affirment avoir été enlevées, séquestrées, battues et/ou agressées sexuellement par des membres de la SQ[226].

Les pistes de solution et de prévention sont nombreuses. Retenons-en deux. La première : l'éducation des futurs policiers ; aucun cours sur les Premières Nations n'est offert à l'École nationale de police du Québec[227]. La deuxième : ne plus voter pour le PLQ, qui refuse de lancer une commission d'enquête sur les abus sexuels commis sur son territoire par des policiers envers des femmes autochtones[228]. Le gouvernement Couillard a pelleté ce problème dans la cour d'Ottawa, où le cas de Val-d'Or ne sera qu'une goutte d'eau dans l'océan tellement sont nombreuses les femmes autochtones victimes d'abus policiers au Canada.

POLICIERS AU BANC DES ACCUSÉS

Partout au Québec, des agents de la paix ont été traduits en justice cette année. Le SPVM arrive évidemment en tête de liste. Dans la métropole, même les policiers retraités ont retenu notre attention.

Gilles Deguire a travaillé au SPVM de 1969 à 1999, il a longtemps été enquêteur en charge des crimes sexuels au sein de Police-Jeunesse à Montréal-Nord. À sa retraite, il est devenu attaché politique de l'ancienne ministre libérale Line Beauchamp, fonction qu'il a occupée pendant 10 ans. Il a été élu maire de Montréal-Nord aux côtés de Gérald Tremblay en 2009, puis a été réélu en 2013 avec l'équipe Coderre. Le 6 janvier 2016, Gilles Deguire remettait sa démission. Deux semaines plus tard, il faisait face à deux chefs d'accusation pour agressions sexuelles et attouchements sur une mineure de moins de 16 ans. Les faits reprochés se sont produits entre décembre 2013 et octobre 2015[229].

Ex-enquêteur au SPVM et ancien libéral, Gilles Deguire, accusé d'agressions sexuelles et d'attouchements sur une adolescente, a quand même demandé son indemnité de départ d'ancien élu municipal. La Ville de Montréal a dû lui verser 146 000 $[230].

*　*　*

Les enquêteurs Faycal Djelidi et David Chartrand, des sections gang de rue et stupéfiants, ont été arrêtés le 7 juillet par leurs collègues du SPVM, ils font face à des accusations de parjure et d'entrave à la justice. Faycal Djelidi est également accusé de sollicitation et d'obtention de services sexuels moyennant rétribution[231].

Des irrégularités avaient été observées dans leur façon de gérer leurs sources dans le milieu criminel. On soupçonnait les deux policiers de rédiger de faux rapports et parfois de ne pas en rédiger du tout après leurs rencontres avec leurs informateurs. Ils ont été filés et mis sur écoute, cette enquête a confirmé les soupçons qui pesaient sur eux. C'est aussi pendant cette enquête que Faycal Djelidi a été vu des dizaines de fois dans des salons de massage érotique, dont au moins une fois pendant ses heures de travail[232].

En 2006, le même Faycal Djelidi avait été déclaré coupable d'avoir crevé l'œil d'un camarade en technique policière, six ans auparavant, lors d'un cours d'autodéfense[233]. L'œil de la victime, Vincent Imbeault, s'était liquéfié après que Djelidi l'eut frappé plusieurs fois de toutes ses forces même si Imbeault, comme l'a prouvé la vidéo de l'incident, n'était pas prêt et répétait « Relaxe, relaxe » et « Wo wo ». Imbeault, avec l'œil gauche détruit, ne sera jamais policier. Djelidi travaille au SPVM depuis 16 ans.

* * *

Stéfanie Trudeau, le célèbre matricule 728, a enfin un dossier criminel. Le 25 février, elle a été déclarée coupable de voies de fait sur Serge Lavoie, l'un des « gratteux de guitare » qui avaient été arrêtés pour une affaire de bière sur le trottoir en octobre 2012. Étranglement et clé de bras avaient été utilisés pour arrêter cet « ostie de carré rouge mangeux de marde ». La sentence de Mme Trudeau, prononcée le 26 mai, l'a condamnée à 12 mois à purger dans la communauté et à 60 heures de travaux communautaires[234].

Le juge a refusé à l'ex-policière l'absolution qu'elle réclamait : « Cela nuirait à l'intérêt public, a répondu le magistrat. Le policier jouit de vastes pouvoirs, mais il ne peut pas brutaliser un citoyen. Même un criminel sait que, s'il se fait arrêter, il ne se fera pas tabasser, c'est simple à comprendre », a-t-il insisté. Stéfanie Trudeau, pourtant, ne comprend pas ; elle a porté en appel le verdict de culpabilité et attendra la décision avant de commencer ses travaux communautaires[235].

Rappelons que l'ex-matricule 728, à la retraite depuis octobre 2015, touche à 44 ans sa pleine pension, même s'il lui manque encore 10 ans de service pour avoir ce privilège réservé aux policiers possédant 30 ans d'expérience. Son avocat considère, avec raison, que la retraite de Mme Trudeau est un cas exceptionnel. « Trois psychiatres se sont prononcés là-dessus, explique-t-il. C'est clair qu'elle ne pouvait pas retourner travailler[236]. » Cela nous paraissait clair depuis très longtemps.

* * *

La Division des affaires internes du SPVM a ouvert plusieurs enquêtes en 2016. L'une d'elles vise le commandant Jean Mustaky et le sergent Félix Bellevue, deux policiers à la tête d'un empire immobilier d'une valeur de 25 millions de dollars. Bellevue et Mustaky ont également des actifs depuis 2007 dans une mystérieuse société anonyme au Panama[237].

Le duo d'investisseurs-policiers possède une soixantaine d'immeubles. Depuis 10 ans, Mustaky et Bellevue se sont présentés 74 fois devant la Régie du logement pour des conflits avec leurs locataires. Dans plusieurs cas, les jugements démontrent qu'ils se sont présentés à la Régie pendant leurs heures de travail[238].

Quant à leur société au Panama, les documents officiels ne disent pas en quoi consistent leurs activités. Peu importe ce qu'ils font là-bas, on peut facilement comprendre Bellevue et Mustaky. Quand Québec vous réclame 321 000 $ depuis 2014 en vertu de la Loi sur la taxe de vente et de la Loi sur les impôts, Panama est un vrai paradis.

* * *

L'homme à la tête des affaires internes au SPVM, Costa Labos, a lui aussi fait l'objet d'une enquête criminelle ! Costa Labos est en charge des enquêtes concernant toute allégation d'infraction ou d'acte criminel impliquant un policier. En juin dernier, la Fraternité des policiers de Montréal a dénoncé cette situation absurde en demandant que l'inspecteur-chef Labos soit déplacé jusqu'à ce que l'enquête à son sujet soit terminée [239].

Costa Labos était soupçonné d'avoir menti à un juge pour faire une perquisition chez un policier qui avait été aperçu avec le chroniqueur Stéphane Berthomet, spécialiste des questions policières pour Radio-Canada. La perquisition n'aura finalement servi qu'à enlever à l'inspecteur-chef Labos la crédibilité nécessaire pour assumer son rôle au sein du SPVM. Mais, crédible ou non, il a été blanchi et demeurera à la tête des affaires internes pour veiller à ce que chaque policier respecte les lois et nos droits [240].

* * *

La Capitale-Nationale n'est pas non plus à l'abri de ses policiers. Le 6 janvier, le Service de police de la Ville de Québec a commencé l'année en congédiant Jean-Bernard Lajoie, un agent de 32 ans qui fait face à deux chefs d'accusation de trafic de cocaïne, un chef d'abus de confiance et un autre pour utilisation frauduleuse d'un ordinateur de la police [241].

Rappelons qu'en 2012 Lajoie et son coéquipier avaient reçu une médaille pour action méritoire. Son coéquipier, Simon Beaulieu, est aujourd'hui accusé de négligence criminelle et de conduite dangereuse ayant causé la mort du cycliste Guy Blouin, le 3 septembre 2014, dans le quartier Saint-Roch.

* * *

Le 22 août, à Longueuil, Marc-Olivier Perron a été déclaré coupable d'usage négligent de son arme pour avoir tiré sur une automobiliste qui avait fait un *stop américain* [242].

En octobre 2011, l'agent Perron se rendait à une résidence pour exécuter un mandat d'arrestation lorsqu'il aperçut un véhicule qui se dirigeait vers lui à grande vitesse. Selon les autres policiers présents, la conductrice aurait ralenti, mais elle n'aurait pas immobilisé sa voiture à l'intersection. L'agent Perron, se croyant menacé, avait alors dégainé son arme et avait fait feu sur elle. Il se trouvait pourtant à côté de la voiture, hors de danger, au moment de tirer.

Que la conductrice ait immobilisé ou non son véhicule n'a aucune importance, un conducteur mort ou blessé par balle n'a plus le contrôle de sa voiture, et ça, c'est très dangereux. La Couronne l'a rappelé à l'agent Perron en lui demandant : « Lorsque vous avez fait feu, saviez-vous qu'il y avait une école à proximité ? Saviez-vous qu'il y avait également un parc et un centre communautaire ? Saviez-vous que vous vous trouviez dans un secteur résidentiel ? » Le policier, coupable, a répondu oui [243].

SANCTIONS EXEMPLAIRES
PARFAITEMENT RIDICULES

Les policiers qui contreviennent au Code de déontologie reçoivent parfois des sanctions disciplinaires. Assignation à des tâches administratives, suspension : la police soutient que ces petites tapes sur les doigts sont des sanctions exemplaires...

Le 10 mars, l'Organisation des Nations unies publiait son rapport sur les allégations d'exploitation sexuelle dans le système de l'ONU. Ce rapport nous a appris que plusieurs policiers québécois avaient commis des inconduites sexuelles pendant qu'ils participaient à la mission des Nations unies pour la stabilisation en Haïti. L'ambassadrice américaine à l'ONU a jugé, avec raison, nettement insuffisante la suspension de neuf jours que le SPVM a imposée à l'agent qui a fait un enfant à sa femme de ménage haïtienne, en 2013, alors qu'il participait à la mission des Nations unies. Le policier a pris sa retraite depuis, après ses neufs jours de suspension [244].

Le rapport de l'ONU révèle qu'un autre policier du SPVM a fait un enfant à une Haïtienne en 2012 et qu'il a été suspendu cinq jours seulement. Cette sanction a été prononcée après que la jeune mère, abandonnée en Haïti avec son enfant métissé, eut porté plainte contre le policier, qui refusait de verser une pension pour le bébé. Cet homme travaille toujours pour le SPVM.

Deux agents de la SQ sont aussi mentionnés dans le rapport de l'ONU. Le premier a été rapatrié en 2015 après que ses collègues eurent dénoncé ses frasques sexuelles avec plusieurs Haïtiennes. Aucune sanction ne lui sera imposée ; il a pris sa retraite en juillet 2016, à la toute dernière minute, pour éviter le processus disciplinaire. Le second agent de la SQ a dû rentrer au pays en 2013, une femme alléguant alors que le Québécois l'avait agressée sexuellement. Lui aussi a pris sa retraite quelques jours avant sa sanction[245].

Rappelons que les policiers déployés par l'ONU s'engagent à n'avoir aucune relation sexuelle avec les citoyens d'Haïti, même entre adultes consentants. Rappelons aussi que les abus qui ne sont pas dénoncés ne mèneront à aucune sanction. Rappelons finalement que le but de cette mission est d'aider les Haïtiens ; pas d'aggraver la situation de jeunes femmes très pauvres qui plongeront dans une misère encore plus profonde chaque fois qu'un de nos policiers les abandonnera avec des nourrissons dont les vies semblent valoir, aux yeux du SPVM, entre cinq et neuf jours de suspension.

* * *

Vous souvenez-vous des deux agents du SPVM devenus célèbres après avoir été photographiés, le 27 mai 2014, alors qu'ils semblaient avoir des relations sexuelles avec deux femmes éméchées à bord d'une auto-patrouille ?

Les deux policiers, Marc Berthiaume et Jason Richer, ont été sanctionnés en avril 2016 : ils ont respectivement écopé d'une suspension de deux et neuf jours sans salaire. L'agent Richer a été suspendu sept jours de plus puisque la femme ivre qui était assise sur lui tenait le volant de l'auto-patrouille. Les quatre personnes impliquées ont nié que des actes sexuels avaient été commis à bord du véhicule. Le rapport d'enquête révèle cependant que l'agent Richer, ce soir-là, avait donné son numéro de téléphone personnel et celui de son coéquipier aux deux jeunes femmes. L'une d'elles avait 17 ans [246].

* * *

Une sanction prononcée à la fin de 2015 mérite sa place dans l'édition 2016 d'*Un peuple à genoux*. Le 2 décembre, le sergent Laurent Lisio, du SPVM, a reçu son cadeau de Noël à l'avance : une suspension de 10 jours pour avoir frappé la tête d'un homme à trois reprises contre sa voiture de police, en plus d'avoir présenté un rapport qu'il savait inexact. Son collègue Jean-Luc Gagnon a été blâmé pour avoir poussé une femme contre un poteau lors du même événement, il a reçu une suspension exemplaire de cinq mois ! Mais l'agent Gagnon, prévoyant, avait pris sa retraite avant de recevoir sa sanction [247]. Un classique.

Dans son rapport, le sergent Lisio avait écrit que le pare-brise de sa voiture avait été brisé par le coude du plaignant. Une vidéo de cet incident survenu en 2011, visionnée plus de 100 000 fois, a prouvé que c'était bien sa tête qui avait fait éclater la vitre...

LA FORCE RAISONNABLEMENT NÉCESSAIRE

> *Il y a deux manières de combattre, l'une avec les lois, l'autre avec la force. La première est propre aux hommes, l'autre nous est commune avec les bêtes.*
>
> MACHIAVEL, *Le Prince.*

Les policiers sont autorisés à utiliser la force pour exercer leurs fonctions, c'est à eux de juger le degré de violence qui est raisonnable pour maîtriser un individu. Des tragédies survenues cette année nous laissent toutefois croire que certains policiers québécois ont peut-être, comme leurs homologues américains, la gâchette plus rapide devant un individu issu d'une minorité ethnoculturelle. Dommage que la SQ ne fasse rien pour corriger la situation : depuis 2007, elle a engagé 735 nouveaux agents, dont seulement 5 % proviennent de ce que la SQ appelle une *communauté culturelle* [248].

* * *

Bony Jean-Pierre, un résident de Montréal-Nord d'origine haïtienne, a reçu à la tête un projectile du Groupe tactique d'intervention (GTI) lors d'une frappe anti-stupéfiant, le 31 mars. Il est mort des suites de ses blessures quatre jours plus tard [249].

L'homme de 46 ans jouait au poker avec des amis quand le GTI a défoncé la porte de leur logement et y a lancé des gaz lacrymogènes sans s'identifier [250]. Paniqué, Bony Jean-Pierre a voulu fuir par une fenêtre et c'est là qu'un policier armé d'un fusil Arwen lui a tiré une balle de plastique sur la tête. La victime est tombée par la fenêtre et a fait une chute de deux mètres sur le béton. Lui et ses amis ne représentaient aucune menace ; ils n'étaient pas armés, seulement coupables de fumer et de vendre un peu de marijuana [251].

Les agents du GTI formés pour utiliser le fusil Arwen savent que ces balles de plastique (appelées bâtons cinétiques) peuvent être mortelles, c'est pourquoi ils doivent tirer à plus de 20 mètres de leur cible et ne jamais viser plus haut que les épaules.

Sans sauter aux conclusions, rappelons qu'un policier, Jean-Loup Lapointe, a été muté au GTI après avoir tiré quatre balles sur Fredy Villanueva, son frère et deux de leurs amis, le 9 août 2008, dans un stationnement de Montréal-Nord où ils jouaient aux dés. Villanueva, sans antécédents judiciaires, est mort à 18 ans sous les balles de l'agent Lapointe [252].

* * *

Les Algonquins de Lac-Simon sont en deuil depuis que la police a abattu Sandy Michel, le 6 avril[253]. Il avait 25 ans et était père de trois enfants. Avant d'être abattu, M. Michel tenait une arme blanche et semblait agressif, les policiers avaient donc foncé sur lui avec leur véhicule pour l'arrêter. Puisqu'il était armé, la force employée à ce moment paraît raisonnable. Faire feu sur un homme au sol nous paraît toutefois moins raisonnable...

Le frère de la victime avait aussi été abattu par un policier *blanc* en 2009. Il nous est difficile de contredire leur père qui estime que les policiers blancs ne comprennent pas sa communauté et sont trop prompts à utiliser leur arme à feu.

Effectivement, quelque chose ne va pas entre les policiers et les Algonquins de Lac-Simon. Le 14 février, l'agent Thierry Leroux a été tué d'une balle dans le dos par Anthony Papatie, 22 ans, qui a ensuite retourné son arme contre lui. Comment les liens entre Autochtones et policiers ont-ils pu se détériorer à ce point ? Le père de Sandy Michel est formel : « Les policiers tiennent les Autochtones en cage[254]. » Ceux qui ont tué son fils en avril sont de retour au travail depuis juin[255].

* * *

Une intervention sanglante a eu lieu près du Québec le 24 juillet : Abdirahman Abdi, un Canadien d'origine somalienne, s'est fait battre à mort devant de nombreux témoins par deux agents du Service de police d'Ottawa[256]. Les policiers répondaient à un appel pour trouble à l'ordre public dans un commerce où M. Abdi, qui souffrait de troubles de santé mentale, faisait du grabuge, mais n'était pas armé. À l'arrivée des policiers, le Canado-Somalien a pris la fuite et les deux agents l'ont poursuivi à pied. Quelques minutes plus tard, ils l'ont battu à mort en frappant plusieurs fois sa tête sur le sol. Son frère, témoin de la scène, affirme qu'on ne voyait plus les yeux de M. Abdi tellement il saignait[257].

Cinq policiers ont été témoins de cette boucherie. Qui ne dit mot consent...

* * *

Encore plusieurs policiers semblent ne pas avoir reçu une formation adéquate pour intervenir auprès de personnes en détresse psychologique. Ceux qui ont abattu André Benjamin à Hochelaga-Maisonneuve nous en ont donné une autre preuve.

Âgé de 63 ans, André Benjamin souffrait de troubles bipolaires, mais, selon ses voisins et son conjoint, c'était un homme doux et d'une générosité infinie[258]. Le 25 avril, le SPVM a reçu un appel de sa psychologue, qui s'inquiétait car M. Benjamin avait été absent à son rendez-vous de la veille. Elle a bien précisé que son patient tenait des propos suicidaires et qu'il avait tenté de se tuer deux semaines plus tôt. Les policiers envoyés chez lui ont sonné plusieurs fois, sont entrés sans s'identifier et ont aperçu M. Benjamin dans la cage d'escalier, paniqué et tenant un couteau. Ils l'ont abattu sur-le-champ. La victime, selon la SQ, aurait été atteinte par *au moins* une balle, *avant ou après* qu'une arme à impulsion électrique eut aussi été utilisée[259]...

L'usage du Taser n'est-il pas censé remplacer celui des armes à feu quand la police intervient auprès de malades en crise qui ne représentent, comme André Benjamin et Alain Magloire en 2014, qu'une menace temporaire ? Les agents qui ont tiré sur M. Benjamin ne se sont pas posé la question ; ils l'ont électrocuté avant et/ou après avoir fait feu.

POLICE PARTOUT, JUSTICE NULLE PART

Le travail de la police devient plus complexe quand la tension monte. La ligne est alors très mince entre l'usage légitime de la force et la violence gratuite. La tension, hélas, monte plus vite lors des manifestations politiques, celles-ci se terminent souvent par des manœuvres de dispersion disproportionnées et des arrestations arbitraires. Cette tension est injustifiable quand des policiers en civil jouent les agitateurs pour donner à leurs collègues de bonnes raisons de disperser la foule avec force. Lors de la dernière manifestation anti-austérité de 2015, les policiers infiltrés s'en sont donné à cœur joie.

La manifestation du 19 décembre tirait à sa fin quand Simon Dugrenier, 18 ans, a photographié deux hommes masqués d'un foulard noir. Il ignorait que ces hommes étaient des policiers, mais, à ce moment, la rumeur circulait qu'un agent déguisé en anarchiste avait dégainé son arme pour éloigner la foule. (Cette rumeur a été confirmée plus tard par le SPVM.) Simon Dugrenier s'est approché des manifestants masqués, les a photographiés, puis est reparti. Il a seulement eu le temps d'entendre « J'ai besoin de tes photos, donne-moi ton téléphone » avant que les hommes le plaquent contre une voiture sans dire qu'ils étaient policiers. Il leur a demandé de s'identifier, mais on lui a répondu : « Shut up, mon ostie ! Tu ne gagneras jamais contre nous, ostie de tapette [260] ! »

L'étudiant avait raison d'être terrorisé par ces inconnus masqués qui réclamaient son téléphone. Il avait encore bien plus raison d'avoir peur quand ses agresseurs l'ont traîné dans un stationnement pour le frapper au ventre et cogner sa tête contre un mur. Ils ont finalement pris son téléphone et ne le lui ont jamais rendu. Deux policières les ont rejoints plus tard pour l'arrêter, il a été gardé plusieurs heures en détention. C'est ainsi qu'il a appris que les brutes qui l'avaient tabassé étaient policiers.

Le jeune homme a subi une commotion cérébrale. Il a souffert d'une tendinite à l'épaule, d'une entorse au poignet et de stress post-traumatique après cette histoire qui lui aura aussi mérité un chef d'accusation pour intimidation envers un officier de la justice...

* * *

Lors de la même manifestation, Katie Nelson, étudiante en philosophie à Concordia, a reconnu un policier en civil. Démasqué par la jeune femme, il s'est avancé vers elle en sacrant, tandis qu'elle criait « C'est un policier ! » pour prévenir les autres manifestants. Derrière elle, un autre agent infiltré l'a frappée dans le dos et ce coup a projeté l'étudiante sur le sol. Des témoins l'ont alors transportée sur le trottoir en attendant une ambulance. Mme Nelson est restée quelques jours à l'hôpital ; elle en est sortie avec une contusion au bras, un hématome au genou et plusieurs questions à poser aux autorités[261].

Depuis août 2013, Mme Nelson poursuit le SPVM pour violation de ses droits fondamentaux. Elle réclame 24 000 $ pour le profilage politique et le harcèlement dont elle est victime depuis le Printemps érable[262]. Rappelons que, pendant la grève de 2012, cette étudiante très engagée identifiait sur sa page Facebook des photos de policiers présents aux manifestations. Au moment de poursuivre le SPVM, elle avait reçu 27 contraventions en moins de deux ans, pour un total de 7 000 $. Des contraventions données tantôt pour un juron, tantôt pour une cigarette écrasée dans la rue.

Le policier qu'elle a reconnu le 19 décembre 2015 serait, selon elle, l'officier impliqué dans son procès[263]. Règlement de comptes ou erreur sur la personne ? Si la plaignante dit vrai, cela prouverait encore qu'on se rend parfois sauvagement justice dans la police.

* * *

Le 3 mai, des militants de Solidarité sans frontières ont occupé les bureaux montréalais de l'Agence des services frontaliers du Canada (ASFC) pour exiger la régularisation de tous les immigrants sans papiers vivant au Canada [264]. Ils ont joué de la musique et ont posé des banderoles qui reprenaient les slogans *Status Now!* et *Arrêtons les violences*. Selon eux, l'ASFC participe aux violences quotidiennes vécues par les personnes sans papiers : déportation, séparation des familles, impossibilité d'accéder aux services de santé et d'éducation, entre autres. Un avis d'expulsion leur a vite été lu ; certains sont sortis manifester devant l'immeuble tandis que d'autres sont restés à l'intérieur. Ils ont offert un teach-in en direct sur le Web afin d'expliquer les motifs de cette occupation. Le teach-in a été interrompu après 20 minutes quand l'escouade antiémeute a arrêté tous les militants présents dans les bureaux ainsi que deux personnes qui scandaient des slogans dehors.

Les 18 manifestants arrêtés font maintenant face à des accusations de méfaits.

DÉFAUTS DE FABRICATION DANS LE SYSTÈME JUDICIAIRE

Étrangement, même après ce tour d'horizon déso-lant, nous ne nierons pas que la plupart des policiers font du bon travail. Les arrestations qui sont filmées et diffusées par les médias nous montrent au quotidien l'expression de la violence d'État, de sorte que les images les plus révoltantes nous font vite oublier les milliers de policiers qui interviennent chaque année dans des cas de violence conjugale et de violence envers des enfants, entre autres. Nous avons malheureusement besoin des bons policiers qu'il nous reste.

Or, les failles de notre système judiciaire font échouer beaucoup d'opérations policières importantes et bien exécutées. Prenons pour exemple les 156 Hell's Angels arrêtés le 15 avril 2009 lors de l'opération SharQC : l'appareil judiciaire n'a pas pu absorber ces mégaprocès. Le 9 octobre 2015, cinq détenus ont été libérés. Le 31 août 2016, 35 autres motards criminels ont obtenu des réductions de peine allant de six à huit ans. Parmi eux, huit détenus avaient encore six ans ou moins à purger, ils ont été libérés le lendemain [265].

Le Directeur des poursuites criminelles et pénales est responsable de ce fiasco. En septembre 2015, la Couronne a divulgué des éléments de preuve qu'elle détenait depuis des années, mais qui n'avaient jamais été portés à l'attention de la Défense. Le juge James Brunton a dû décréter un arrêt des procédures, concluant que la Couronne avait abusé de son pouvoir en tardant trop à divulguer des éléments de preuve qui auraient pu avoir une influence en faveur des motards. Pourquoi le DPCP n'a-t-il pas présenté ces éléments au juge en lui disant d'où ils venaient et où ils se trouvaient depuis six ans ? Résultat : cinq criminels ont été libérés et, dix mois plus tard, les juges qui ont réduit les peines de 35 autres motards ont dit que « l'abus reproché à l'État était grave ».

La plus grande opération menée contre les motards criminalisés aura été plombée par le DPCP, dont le laxisme pourrait bien dénoter un certain parti pris. Qu'importe, 55 des 156 motards arrêtés sont libres, plusieurs autres le seront bientôt : les Hell's sont de retour en affaires. Entre le début des procès et mai 2016, les contribuables ont payé plus de 30 millions de dollars en frais d'avocats, dont 21 millions aux avocats des Hell's Angels[266].

* * *

Le DPCP est la pierre angulaire de notre système judiciaire : il évalue les preuves, porte des accusations et doit intervenir dans les procès quand l'intérêt de la justice l'exige. Il est nommé pour un mandat de sept ans par le ministre de la Justice, sans consultation du Parlement[267]. Nous pouvons douter que le DPCP puisse être indépendant du pouvoir.

L'enquêteur à la retraite Sylvain Tremblay, l'un des principaux acteurs de l'opération SharQC, garde un mauvais souvenir du DPCP : « Il fallait se battre contre les procureurs frileux pour faire débloquer nos dossiers, se souvient-il. On cherche à protéger le pouvoir ou des gens qui seraient près du pouvoir[268]. » Le DPCP, en effet, a beaucoup à gagner en demeurant dans les bonnes grâces du gouvernement. Tous les avocats qui ont exercé cette fonction ont été nommés juges après leur mandat.

* * *

Des accusations portées par le DPCP ont mis un peu plus en lumière ses liens de parenté avec les libéraux. Le 23 août 2016, Richard Henry Bain a été déclaré coupable de meurtre au deuxième degré et de trois tentatives de meurtre pour l'attentat perpétré au Métropolis lors de la soirée électorale du 4 septembre 2012[269]. La nouvelle Première ministre Pauline Marois, alors chef du Parti québécois, y prononçait son discours de victoire lorsque Bain a tué un technicien de scène, en plus d'en blesser grièvement un autre avant que son fusil d'assaut s'enraye miraculeusement. Bain a baragouiné plusieurs fois « Les Anglais se réveillent » pendant son arrestation devant les caméras[270]. Le DPCP n'a porté aucune accusation de terrorisme contre lui, même s'il a avoué à sa psychiatre qu'il voulait tuer le plus de séparatistes possibles, y compris Pauline Marois[271].

Cet attentat était un acte terroriste selon l'article 83.01 du Code criminel : au nom d'une cause de nature politique, il a causé la mort par l'usage de la violence et a menacé la sécurité de la population, dans le but de contraindre le gouvernement à accomplir un acte ou à s'en abstenir[272]. Que Bain ait été fou ou non, peu importe, car ses intentions étaient politiques. Or, la nature politique de l'attentat a été complètement occultée par le DPCP, qui a décidé de ne pas juger Bain pour son attaque contre la démocratie.

Le procès s'est déroulé dans l'indifférence. Seuls quelques médias anglophones ont couvert quotidiennement l'affaire Bain et, comme chez les médias francophones, aucun reportage n'a parlé d'un attentat politique. Personne n'a rappelé que les cibles étaient Pauline Marois et les milliers de péquistes rassemblés au Métropolis. Imaginons qu'un souverainiste illuminé tenterait d'assassiner un premier ministre fédéraliste en criant : « Vive le Québec libre ! » Les médias d'un océan à l'autre couvriraient cette affaire et le débat public s'enflammerait, avec raison. Le crime haineux de Bain, dépolitisé par le DPCP, a été traité comme un fait divers.

Le jour où Bain a été déclaré coupable de meurtre au deuxième degré, même le ministre Gaétan Barrette a banalisé l'attentat en soutenant que « quand vous faites trop bouger les choses, des choses comme ça peuvent arriver[273]. » Espérait-il sérieusement faire porter le blâme aux séparatistes ? Le ministre Barrette pourrait très bien, pour sa défense, plaider lui aussi l'aliénation mentale et, pour une fois, nous serions d'accord avec lui.

D'ÉGAL À ÉGAL ?

> « Maintenant, si vous avez encore quelques instants à perdre, si tous ces drames ne vous ont pas lassés, permettez-[nous] de vous convier encore à celui-ci[274]. »
>
> NATHALIE SARRAUTE, *L'usage de la parole.*

SUR LE POINT DE TIRER SA RÉVÉRENCE, l'année 2016 a une fois de plus inspiré les femmes, les minorités visibles ainsi que les Autochtones du Québec à organiser *L'anti-fête annuelle des inégalités* : cette célébration au cœur de laquelle sont réitérés tous les actes discriminatoires arbitrés par le gouvernement provincial. Sans étonnement, le jour J venu, les magouilleurs au pouvoir commencèrent à encercler la célébration protestataire pour ainsi en prendre les rênes. Juste avant qu'une altercation n'éclate, les groupes marginalisés annoncèrent la tenue du dernier jeu festif : l'acerbe piñata ! Ils bouchèrent les oreilles des gouvernants, leur bandèrent les yeux, leur ligotèrent les mains et les firent tourner rapidement sur eux-mêmes afin qu'ils ressentent, une bonne fois pour toutes, une perte de repères et de dignité semblables à celles qu'engendrent les oppressions systémiques continuellement imposées aux maîtres du jeu. Ce qui fut alors présenté tel un objet gavé de sucreries et de jouets colorés se révéla être un véritable nid de guêpes et les dirigeants indignes furent encouragés par la population opprimée à fesser sur ledit objet. Soudainement dardés par une myriade de guêpes, les brigands se mirent à crier de douleur alors que les organisateurs de la fête en profitèrent pour dénoncer leur sentiment quotidien d'être pris au piège et laissés pour compte par un système les aliénant. Quel moment jouissif ce dut être ! Ici-bas : un aperçu de ce qu'elles/ils ont refusé de taire.

NAÎTRE DANS L'INÉGALITÉ DES CHANCES

L'an dernier, le mouvement *Campaign 2000* révélait que 1,34 million d'enfants, soit 19 %, vivaient dans la pauvreté au Canada[275]. Un rapport soulignait également qu'un million d'enfants canadiens souffraient d'insécurité alimentaire et qu'une personne sur sept hébergées dans les refuges pour sans-abri était un enfant. En novembre 2015, le mouvement faisait pression sur le gouvernement fédéral afin de mettre en place une stratégie pancanadienne de réduction de la pauvreté. À cet effet, le 2 septembre dernier, alors que le taux d'individus à faible revenu effleurait un humiliant 9,0 %, le gouvernement fédéral faisait l'annonce que six villes canadiennes (Saint-Jean, Trois-Rivières, Toronto, Winnipeg, Yellowknife et Tisdale) deviendraient des sites cobayes « afin de mettre à l'épreuve diverses initiatives de lutte contre la pauvreté [276]. » Une lutte rigoureuse qui sera menée, en quelque sorte, à titre de leçon pour nos dirigeants se retrouvant la tête dans le sable à l'écoute de ces données. Ou bien dans un sac de patates.

* * *

Si, ces dernières années, la pauvreté a été décriée comme étant sexiste, il faut aussi noter qu'elle affecte particulièrement les populations autochtones. En effet, 40 % des enfants vivant dans la pauvreté sont autochtones [277]. Parce que le gouvernement fédéral n'a pas maintenu, à leur endroit, les mêmes normes qu'ailleurs au pays en matière de services à l'enfance, il fut montré du doigt par le Tribunal des droits de la personne pour avoir fait preuve de discrimination et de négligence systémique. Cette ignominie allant à l'encontre de la Loi canadienne sur les droits de la personne s'avère un véritable obstacle dans la course pour l'amélioration des conditions de vie de cette population [278].

EXISTE-T-IL UNE VÉRITABLE JUSTICE POUR LES FEMMES ?

La répartition des fonds maladroitement orchestrée par le Parti libéral du Québec (PLQ) n'est pas sans évoquer une partie de Tetris dans laquelle nos gouvernants privilégieraient systématiquement certaines pièces au détriment des autres... Le 5 février 2016, quelque temps après que cinq adolescentes, en l'espace d'une semaine, eurent individuellement pris la fuite du Centre jeunesse de Laval, Philippe Couillard prit l'engagement d'agir pour lutter contre le fléau de l'exploitation sexuelle[279]. À cet effet, trois millions de dollars distribués sur cinq ans furent promis pour financer le développement de nouveaux programmes d'intervention[280]. Cependant, toute la sagesse investie dans cette promesse ne résonna que de manière éphémère puisque le souvenir d'un investissement massif de 26 millions effectué la semaine précédente à l'endroit du zoo de Saint-Félicien[281] vint diffuser un malaise sur ce choix politique absurde en période de compressions budgétaires. Depuis, nous nous demandons bien, de manière légère et subsidiaire, quels animaux le premier ministre prend-il plaisir à domestiquer pour accorder aussi grossièrement aux bêtes en cage une valeur nettement supérieure à celle accordée aux filles d'aujourd'hui et aux femmes de demain.

* * *

Déclarée désuète depuis septembre 2015, la Maison Tanguay a dû transférer près de 250 détenues à la prison Leclerc, elle-même tombée en désuétude depuis 2012[282]. Bien que Leclerc ait maintenu ses fonctions, la somme des compressions subies au fil des ans a entraîné un manque de consultations et de planification quant à l'accueil de ces femmes. Résultat : un accueil désorganisé, avec son lot de conséquences déplorables.

Depuis, maintes détenues doivent y purger leur peine d'emprisonnement sans repères et dans des conditions qualifiées de « déficientes[283] ». Recensant anciennement une population exclusivement masculine, Leclerc − un milieu d'hommes conçu par et pour les hommes − a connu rapidement les contrecoups de la mixité, devenue hautement problématique au moment du transfert des femmes. Devant l'arrivée massive des détenues, cet ours mal léché qu'était le personnel de Leclerc pouvait seulement compter sur l'assistance de 32 % des employés de Tanguay[284] : un effectif dégraissé dans une situation critique. La fenêtre d'espoir à travers laquelle les détenues levaient le menton a vu, une fois de plus, ses volets rabattus.

Tentons alors un exercice d'empathie – ce à quoi nos dirigeants se soumettent trop rarement, semble-t-il – et imaginons-nous passant plusieurs semaines sans articles de toilette, ni vêtements propres, ni rideau de douche, exposées à la vue de celles et de ceux qui empruntent un corridor connexe[285]. Sans parler du manque de ressources alimentaires, qui a forcé 35 femmes à se partager deux cartons de lait[286]... Le zoo de Saint-Félicien, aux coffres récemment gavés, doit sans doute mieux nourrir ses détenus ! « Avec toutes ces mesures allant à l'encontre des droits humains fondamentaux, le dénouement ne peut être autre que celui d'un sacré saccage psychologique ! » pensez-vous en fronçant les sourcils. Nous faisons de même et soulignons que ces exemples de bassesses sexistes entraînent chez ces femmes une perte de dignité irréversible, ainsi que plusieurs autres conséquences prévisibles, telle la multiplication draconienne du harcèlement et des agressions sexuelles entre les murs[287].

* * *

Le 13 avril dernier, l'annonce du suicide d'une des détenues transférées a sonné le glas du silence sur le sujet du suicide en prison. Au provincial, on révélait que 60 % des femmes détenues ont commis au moins une tentative de suicide durant leur détention. Plus à risque de tenter l'irréparable que la population masculine, les femmes se sont vues privées d'un bon nombre de programmes de soutien et de réhabilitation puisque ceux-ci ont été évacués des services offerts au moment de leur transfert à Leclerc[288].

* * *

Parallèlement fut soumis à l'Assemblée nationale, le 18 février 2016, le rapport spécial de la Protectrice du citoyen, Raymonde Saint-Germain, dans lequel elle levait le voile sur l'apathie gouvernementale à l'égard du sort des Inuit.e.s détenu.e.s au Nunavik. Nous, privilégié.e.s, devrions piler sur notre dégoût temporaire pour le fond des cuvettes des haltes routières dans le Vermont, puisque l'accès limité à l'eau, l'insalubrité, l'inexistence de services de buanderie, l'entassement des détenu.e.s dû à la surpopulation carcérale, ainsi que l'impossibilité de sortir prendre l'air font partie d'une énumération non exhaustive des « conditions dignes du tiers-monde » dans lesquelles est forcée de survivre cette population fragile [289].

* * *

En avril, la députée péquiste Carole Poirier a accusé le PLQ d'être à la source de violences tant physiques, psychologiques, sexistes, économiques et sociales que politiques à l'égard des femmes québécoises [290]. Dès lors, Nicole Ménard, présidente du caucus du PLQ, a reproché à Mme Poirier d'avoir « franchi le point de non-retour » en faisant preuve d'une telle « démagogie excessive et malveillante [291] ». Parce qu'elle n'était pas restée là à noyer le poisson après avoir pris conscience des effets vicieux de l'austérité sur les femmes, parce qu'elle avait osé prendre la parole et affirmer que l'austérité était violence, Carole Poirier fut publiquement ridiculisée, puis engagée dans un *faux dilemme* où elle devait soit présenter des excuses officielles pour ses propos tenus à l'instance du parti au pouvoir, soit démissionner.

Il faut dire qu'avec le *boys'club* au pouvoir et au micro, les féministes sont particulièrement habituées à écouter parler les sophistes. Dans ce cas précis, par contre, ce qui est infâme et préoccupant, c'est le mépris d'une collègue féminine devant une dénonciation de violences ciblant les femmes.

* * *

Une étude menée par *L'Actualité* révèle qu'à l'Assemblée Nationale, les hommes députés s'expriment en moyenne 33 % plus souvent que les femmes députées, avec des prises de parole 40 % plus longues [292]. À cet effet, rappelons que Philippe Couillard, chef du PLQ, avait remanié son cabinet, en janvier, afin de pouvoir s'affirmer en « zone de parité [293] ». Ce remaniement ministériel, qui a élevé à 11 sur 28 le nombre de femmes ministres, a créé tout de même un taux de représentativité féminine en deçà de 40 % [294]. Doit-on s'étonner que, sur les ondes de TVA, cinq hommes aient été invités à discuter de cette « nouvelle parité » [295] ? Champions !

* * *

En mai dernier ont été révélés les premiers résultats alarmants de l'*Enquête sexualité, sécurité et interactions en milieu universitaire* (ESSIMU), menée dans six universités québécoises. Au début de l'année, près de 9 000 étudiantes ont été sondées, pour ainsi révéler que, dans leur parcours, 37,3 % d'entre elles avaient subi du harcèlement sexuel, des attentions sexuelles non désirées et/ou de la coercition sexuelle [296]. Majoritairement issues du 1er cycle, 85 % des victimes n'auraient pas rapporté l'incident à l'instance universitaire et ce, souvent en raison de la complexité et de la mauvaise réputation des « canaux institutionnels [297] ».

Le démantèlement de la culture du silence doit passer par l'abaissement du rideau de la honte et de l'humiliation : un processus ardu quand la culture du viol, plutôt hétéronormative et institutionnalisée à l'université, suggère d'office que plus le nombre de femmes déshabillées sera grand lors des initiations, plus leur équipe se verra accorder de points. En septembre, certains étudiants en droit de l'Université de Montréal trouvaient plaisir à scander « À Laval, les filles avalent » tandis qu'« À Ottawa, y sucent même pas [298] ». Nul besoin de mentionner qu'il est vital de lutter contre la banalisation de cet enjeu systémique et contre la déresponsabilisation des agresseurs, en reconnaissant les violences sexuelles comme les armes de choix du patriarcat et de la misogynie ordinaire. Comme l'a judicieusement souligné Hélène David dans une allocution visant à dénoncer les incidents sexistes [299], certains de ces étudiants en droit désirent faire carrière dans notre appareil judiciaire. Est encore loin d'eux une juste compréhension de la notion de consentement [300].

* * *

Au moment d'écrire ces lignes, le cosmos médiatique diffuse à un rythme ardent la nouvelle de la libération de Mme Homa Hoodfar, qui dévoue sa carrière à l'égalité des sexes, puis à l'amélioration du statut des femmes, et ce, particulièrement au sein des communautés musulmanes. Le 6 juin 2016, cette enseignante du département de sociologie et d'anthropologie de l'Université Concordia fut incarcérée à l'horrifiante prison d'Evin, à Téhéran, en Iran. Accusée de « collaborer avec un gouvernement hostile » en plus d'effectuer un travail de recherche féministe[301], Mme Hoodfar a subi quatre mois d'emprisonnement funeste en confinement solitaire avant de rentrer au pays. Elle fut également soumise à des interrogatoires de presque neuf heures par jour au sujet de ses écrits[302].

JE SUIS ÉGALITAIRE ET HUMANISTE, MAIS PAS FÉMINISTE

Le 28 février dernier, la ministre de la Condition féminine, Lise Thériault, déclenchait un tollé en affirmant qu'elle se considérait « beaucoup plus égalitaire que féministe[303] ». Sa devancière, Stéphanie Vallée, actuellement ministre de la Justice, lui emboîta le pas. Cette inquiétante, puis alarmante partie de galvaudage du féminisme québécois donna lieu à des déclarations particulièrement odieuses. Désirant encourager l'accès des femmes aux postes de pouvoir, Lise Thériault n'hésita pas à se réinventer comme coach de vie en scandant : « Tu veux prendre ta place ? Faire ton chemin ? *Let's go*, vas-y ![304] » À l'heure où la ségrégation professionnelle organise toujours le marché du travail, faire usage du principe simpliste « qui veut, peut », c'est faire abstraction des obstacles systémiques et de la discrimination sexiste trouvant ses racines, puis son engrais toxique, dans un système trop bien irrigué [305].

LES FEMMES SOUS-REPRÉSENTÉES EN CRÉATION

Le 13 juin dernier furent rendus publics les chiffres d'une étude orchestrée par le regroupement des Réalisatrices équitables. Collaborant avec des représentants de 12 associations professionnelles de créatrices et créateurs du domaine culturel québécois [306], l'étude constate que les femmes « réalisent moins de longs métrages que les hommes, font moins de mises en scène au théâtre que leurs camarades masculins, créent moins de jeux vidéo [307] » et se contentent encore, en tant qu'actrices, de salaires inférieurs à ceux des acteurs.

Cette année, tout juste 20 % des pièces de théâtre jouées à Montréal par des compagnies professionnelles ont été écrites par des femmes alors que celles-ci « représentent les deux tiers des nouveaux membres du Centre des auteurs dramatiques [308] ». Les livres signés par des femmes sont moins recensés, louangés, lus et valorisés, malgré qu'elles écrivent autant que les hommes [309]. Le rapport souligne, entre autres, que 77 % des scénarios de films produits ont été rédigés par des hommes et qu'entre 2009 et 2014 [310] les réalisatrices ont touché seulement 10 % des fonds accordés aux longs métrages de fiction par Téléfilm Canada. Les représentant.e.s des associations ayant participé à l'étude ont fondé la Coalition pour l'égalité homme-femme en culture : elle fera pression sur les décisionnaires du domaine culturel québécois afin d'assurer une présence égale des femmes. Avec beaucoup d'acharnement, peut-être que les femmes finiront par accéder à une autre mesure de reconnaissance qui leur est due : autant de funérailles nationales[311].

LE RACISME SYSTÉMIQUE AU QUÉBEC N'EST PAS UN MYTHE

Nourrir son triomphe, c'est peut-être aussi une question de couleur pour les gouvernants. Qu'on se le tienne pour dit, une myriade de décisions prises par le PLQ sont racistes et discriminatoires. Cette année a particulièrement été ponctuée de débats entourant les enjeux quotidiens et les « problèmes invisibles[312] » auxquels sont confrontées les populations racisées. En décembre 2015, le taux de chômage chez la population des « immigrant.e.s admis.es. » était de 9,8 %, au Québec, alors qu'il était de 4,8 % pour la population née au Canada[313].

* * *

Le 25 mai 2016, une étude évaluant les impacts de l'immigration au Québec sur l'intégration professionnelle[314] rappelait ceci : la population immigrante à Montréal représente 27 % de la population totale ; seulement 18 % des immigrant.e.s font partie de la main-d'œuvre active de la ville tandis que 14 % occupent des postes de cadres supérieurs ou de haute direction. Les facteurs pouvant expliquer ce phénomène sont pluriels, mais 40 % des 700 employeurs sondés pour l'étude prétendaient ne voir aucun frein pour les immigrant.e.s dans le processus d'embauche... Retirons alors nous-mêmes leurs œillères : sur les CV, les chômeuses et les chômeurs dont le nom de famille a une consonance québécoise ont 60 % plus de chances d'être contactés pour un entretien d'embauche[315].

* * *

Le 27 septembre 2016, l'Institut de recherche et d'informations socio-économiques (IRIS) rendait public un « Portrait du revenu et de l'emploi des personnes immigrantes[316] ». Ce rapport dévoile, entre autres, que 46 % des nouvelles arrivantes sont surqualifiées pour le travail qu'elles effectuent. Cependant, 90 % d'entre elles peinent à toucher le salaire de leurs collègues nées au Québec et leur rémunération représente 60 % de celle de leurs associés masculins. Le même rapport souligne qu'au Canada le taux de chômage de la population née au pays est de 5,8 % tandis que celui des immigrant.e.s s'élève à 11,2 %[317].

* * *

Le 21 janvier 2016, une compilation de données effectuée auprès de 500 organismes employant plus de 600 000 travailleurs révéle « le retard accumulé par plusieurs institutions dans l'embauche de personnes de couleur[318] ». L'analyse de ces données dévoile qu'il y a un déficit de 25 000 travailleurs immigrants au cœur des organismes publics. Chez Hydro-Québec, moins de 1,56 % des employés sont issus d'une minorité visible. Les données recensées en décembre 2014 par la Commission des droits de la personne et des droits de la jeunesse (CDPDJ) abondent dans le même sens.

- La Sûreté du Québec n'emploie que 2 % du ratio souhaité, soit 26 individus issus d'une minorité visible sur un effectif de 5 732 policières et policiers.

- La Société des alcools du Québec emploie 0,63 % de la cible espérée pour l'entreprise, soit 38 personnes issues d'une minorité visible sur 6 000 travailleuses et travailleurs.

- Maints CÉGEPs et universités sont également bien loin d'atteindre leur « cible d'emploi des minorités ». Par exemple, le CÉGEP de Jonquière et le CÉGEP de Sherbrooke atteignent respectivement 0 % et 10 % de leur quota de représentativité. En ce qui concerne les universités, celle de Sherbrooke est bonne dernière en comblant uniquement 20 % des postes souhaités pour les minorités visibles[319].

Si les quotas quant à l'embauche des minorités visibles étaient aussi efficaces que ceux des contraventions que nous donnent les policiers, nous ne serions pas confrontés à une telle injustice.

* * *

Quelques jours après le décès de Bony Jean-Pierre[320], une pétition pour le développement d'une commission de consultation sur le racisme systémique au Québec fut lancée[321]. On y dénonce notamment le double standard du SPVM lors de ses interventions et la sous-représentation des minorités visibles parmi les députés de la Ville de Montréal[322].

Si le SPVM joue au « roi du silence » lorsque vient le temps de discuter des inégalités ethniques, il s'en donne à cœur joie en matière de judiciarisation et de criminalisation des jeunes Noirs. À Montréal-Nord, un jeune Noir a six à huit fois plus de chances de se faire contrôler que la population blanche sans que la moindre infraction ait été commise[323].

* * *

Le 22 octobre 2015, le reportage d'*Enquête* sur les femmes autochtones de Val-d'Or a produit une véritable onde de choc. Engagée dans l'étude de la disparition de Cindy Ruperthouse, une Algonquine de 44 ans portée disparue depuis le printemps 2014, l'équipe de journalistes a mis en lumière la gravité des abus infligés par le corps policier aux femmes autochtones de la région. Cette crise de confiance envers l'autorité policière[324] a grandement motivé la création de la Commission d'enquête nationale sur les femmes autochtones assassinées, après que des journalistes blancs s'en furent mêlés. Rappelons que, « de toutes les Canadiennes assassinées entre 1980 et 2012, 16 % étaient des Autochtones, alors que celles-ci constituent moins de 5 % de la population. Elles comptent aussi pour 11 % des femmes disparues[325] au pays. »

Le système judiciaire, les corps policiers, la pauvreté, les services à l'enfance ainsi que les conséquences du post-colonialisme, puis des pensionnats autochtones, font partie des grands axes de recherche de l'enquête nationale. L'histoire des discriminations à l'égard des Premières Nations se fait bien lourde de conséquences tragiques : espérons que cette commission nationale sache panser quelques maux et permettre aux familles touchées d'obtenir justice, pour ainsi paver tranquillement la route vers la réconciliation et la guérison.

* * *

L'année 2016 aura donc été le théâtre de nombreux ressacs exposant une fois de plus à quel point l'égalité sociale dont on se targue n'est rien de plus qu'un mythe. Heureusement, les groupes laissés pour compte – ainsi que leurs allié.e.s – se mobilisent. Nous pourrions rire des bandits au pouvoir qui s'abreuvent tous à la même source corrompue du racisme et du sexisme ambiants, si leurs gorgées ne finissaient pas toujours par nous éclabousser toutes et tous en tant que peuple. Ces gens-là recrachent leurs privilèges sur d'autres en niant les injustices. Il va sans dire que l'indignation debout est notre parapluie le plus fiable pour conserver nos droits fondamentaux et notre dignité.

PARADIS FISCAUX : LE FUNESTE TRIO

L'ANNÉE QUI SE TERMINE nous a fourni son lot de scandales entourant les paradis fiscaux et leurs alliés naturels, nécessaires à leur existence. On a l'impression d'assister à une farce pas drôle du tout où les rôles principaux sont tenus par les grandes banques, les firmes comptables et nos gouvernements.

Ce funeste trio partage les mêmes intérêts, vit dans le même monde et a par ailleurs très peu en commun avec la population en général. Heureusement, cette population qui se réveille à coups de scandales commence à faire pression sur ces élites.

Les gouvernements sont toujours prompts à affirmer leur incapacité à récupérer ces sommes faramineuses qui s'envolent vers les paradis fiscaux, en raison du secret qui les entoure. Mais c'est un secret qui a été bien éventé par diverses fuites : en 2014, il y a eu les *Luxleaks* ; en 2015, le scandale de la HSBC ; cette année, nous avons eu droit aux *Panama Papers* ; et au petit dernier encore tout frais au moment où nous écrivons ces lignes : les *Bahamas Leaks*.

Pourtant, les gouvernements n'interviennent que mollement et en facilitant la vie des filous qui ont abusé des paradis fiscaux, en leur permettant, par divulgation volontaire, de s'éviter les poursuites et les pénalités auxquelles devrait faire face tout autre citoyen qui ferait une fausse déclaration. Deux poids, deux mesures. Les grands voleurs étant censément plus difficiles à prendre, on les incite à se rendre eux-mêmes, afin d'éviter les coûts élevés qui seraient nécessaires pour parvenir à récupérer les sommes frauduleusement soustraites au fisc. Par contre, quand il s'agit de récupérer des sommes auprès de contribuables moins fortunés, le gouvernement québécois n'économise pas les moyens pour y parvenir et il déploie toutes les ressources nécessaires.

Les lois fiscales sont faites par et pour ces mêmes élites, qui se sentent tout à fait légitimes de payer le moins d'impôt possible, parce que l'impôt est un mal : à preuve, les gouvernements eux-mêmes utilisent le terme « FARDEAU fiscal », qui est loin d'avoir une connotation positive.

Nos gouvernements ont toutefois un minimum de pouvoirs qui leur permettent d'intervenir. L'Agence du revenu du Canada (ARC) reconnaît que tout citoyen a le droit d'organiser ses finances de façon à réduire sa dette fiscale et à recevoir toutes les prestations auxquelles il a droit, pour autant qu'il se conforme aux dispositions de la loi. Lorsque ces arrangements sont conformes à l'esprit de la loi, on parle de planification fiscale efficace.

En revanche, lorsque ces arrangements ne sont pas conformes à l'esprit de la loi, il s'agit alors d'évitement fiscal, expression qui englobe tous les stratagèmes de planification fiscale inacceptables et abusifs. Ce sont des arrangements qui « excèdent les limites » d'une planification fiscale acceptable et ce sont ces mesures contrevenant à l'esprit de la loi qui sont illégales.

Il existe donc certaines lois qui permettent aux gouvernements d'agir, mais il faut aussi qu'ils aient la volonté politique d'intervenir.

PREMIER VIOLON : LES BANQUES

Dans les dernières données rendues accessibles grâce à l'ICIJ, soit les nouvellement célèbres *Bahamas Leaks*, on apprend que trois des plus grandes banques canadiennes, la RBC, la CIBC et la Banque Scotia, ont agi comme agents d'enregistrement pour des sociétés installées aux Bahamas. Interrogée sur le sujet, la RBC a dit œuvrer dans les cadres juridiques et réglementaires de tous les pays où elle a des activités [326].

* * *

Les six grandes banques canadiennes ont pu éviter de payer 21,8 milliards de dollars entre 2000 et 2015 grâce à l'utilisation de paradis fiscaux, et elles ont aussi évité de payer 17,4 milliards de dollars en ayant recours à d'autres méthodes d'évitement fiscal, comme les taxes sur le capital ou les bénéfices non imposés [327].

* * *

Après avoir refusé à quelques reprises de se présenter devant la Commission des finances publiques sur les paradis fiscaux [328], les grandes banques canadiennes ont enfin accepté de répondre aux questions de la Commission. Elles ont admis qu'elles participaient au phénomène des paradis fiscaux et qu'elles n'avaient pas le choix.

Russell Purre, vice-président de la RBC, a convenu que les milliards qui atterrissaient chaque année à la Barbade par l'entremise de sa banque ou des autres n'étaient pas destinés à l'économie locale. Cet argent reprendrait presque immédiatement le chemin d'un autre pays où l'impôt est plus faible qu'ailleurs, notamment qu'au Canada. Ce n'est toutefois pas illégal.

Les banques ont suggéré aux membres de la commission parlementaire de s'attaquer plutôt aux taxes qui ne sont pas perçues sur de nombreux achats en ligne (sic !), ce qui permettrait, selon elles, de réduire considérablement le problème de l'économie au noir au Québec et au Canada.

Bref : « Occupez vous de cela plutôt que de vous en prendre aux banques. »

Les profits que font les banques grâce à leurs filiales à l'étranger ont pour but de les aider à croître et à faire face à la forte concurrence régnant dans leur secteur. Les premiers à en bénéficier sont leurs actionnaires, parmi lesquels on trouve non seulement un grand nombre de petits et grands investisseurs de ce pays, mais aussi tous les fonds des caisses de retraite, aussi bien publiques que privées. « Quand les banques ont des revenus et quand la valeur de l'action des banques croît, c'est tout le monde qui en bénéficie et c'est bon pour la société », a résumé Éric Prud'homme, représentant de l'Association des banquiers canadiens [329].

Tiens, tiens, il me semble entendre un petit ruissellement là...

Deuxième violon : les firmes comptables

Les firmes comptables sont venues dire aux élus québécois que ce n'était pas leur faute si des Canadiens avaient recours aux paradis fiscaux pour payer moins d'impôt, et que c'était aux gouvernements à resserrer leurs règles.

Elles ont aussi affirmé que la loi fiscale était tellement vieille et compliquée qu'il n'était pas toujours facile de savoir si l'on en faisait une interprétation abusive. Les élus peuvent difficilement feindre l'étonnement devant les sommes qui vont du Canada aux Bahamas quand on sait que cela découle d'une entente fiscale signée entre Ottawa et le paradis fiscal. « C'est vous qui tenez le crayon au niveau de la politique fiscale. Ce n'est pas nous [330]. »

* * *

Radio-Canada a révélé qu'un groupe de comptables comprenant des membres de KPMG avaient invité des fonctionnaires de l'Agence du revenu du Canada (ARC) au club privé Rideau en 2014 et en 2015.

Or, à ce moment-là, l'agence était justement en négociations avec KPMG, qui refusait de livrer les noms de ses clients utilisant un stratagème à l'île de Man, un paradis fiscal désormais sous la loupe du fisc. La ministre a répliqué que c'étaient les Comptables professionnels agréés du Canada qui avaient émis l'invitation, un ordre professionnel dont font partie ses fonctionnaires qui œuvrent en comptabilité et en vérification.

Êtes-vous rassurés ?

* * *

Radio-Canada révélait aussi qu'un ancien haut fonctionnaire de l'ARC, Jeff Sadrian, avait quitté celle-ci pour rejoindre le cabinet comptable KPMG, au moment même où l'ARC tentait d'obtenir en cour sa liste des millionnaires canadiens ayant utilisé un stratagème financier à l'île de Man [331].

* * *

L'ARC a offert une amnistie à plus d'une vingtaine de riches clients du cabinet comptable KPMG qui avaient caché des millions de dollars à l'île de Man. Plus de 130 millions de dollars avaient été placés dans des sociétés-écrans enregistrées dans ce paradis fiscal selon un stratagème conçu par KPMG.

Ces multimillionnaires ne se verront imposer aucune pénalité et ne feront face à aucune accusation criminelle. Les clients n'ont qu'à payer les impôts qu'ils auraient dû payer sur leurs investissements extraterritoriaux non déclarés et avec des intérêts à un taux réduit.

L'émission *Enquête* a montré l'offre secrète de l'ARC à plusieurs avocats fiscalistes.

À l'avocat Duane Milot, de Toronto, qui représente des Canadiens de la classe moyenne en litige avec l'ARC : ses clients sont souvent traînés pendant des années devant les tribunaux par l'Agence. « C'est scandaleux », a-t-il dit après avoir lu le document. L'Agence du revenu semble dire aux Canadiens : « Si vous êtes bien nantis, on vous donne une deuxième chance, mais si vous ne l'êtes pas, vous êtes coincés. »

À Jonathan Garbutt, un autre avocat fiscaliste de Toronto, qui dit que l'ARC, par manque de ressources, peut chercher à éviter de longues batailles coûteuses devant les tribunaux avec des multimillionnaires. « Ces gens ont de l'argent, dit-il. Ils peuvent se battre et s'offrir les meilleurs avocats. Il y a de grosses sommes en jeu dans ces cas-là, donc l'ARC va volontiers se satisfaire des impôts récupérés et passer à des cibles plus faciles [332].

TROISIÈME VIOLON : NOS GOUVERNEMENTS

La fuite sans précédent des données confidentielles de la HSBC Private Bank de Genève a révélé que plusieurs milliardaires québécois faisaient affaire avec cette institution financière, et pas seulement des milliardaires.

En date du 12 février 2015, les agences fiscales canadienne et québécoise avaient récupéré 63 millions de dollars en impôts impayés auprès des contribuables qui avaient caché leurs avoirs à la HSBC [333].

* * *

Dans les *Panama Papers*, le CIJI (Consortium international des journalistes d'investigation) révèle notamment que la RBC aurait fait appel à Mossack Fonseca afin de créer plus de 370 sociétés offshore pour certains de ces clients, notamment au Panama et aux îles Vierges britanniques.

Le 5 mai, La Presse canadienne rapportait que l'Agence du revenu du Canada avait déjà identifié 45 contribuables canadiens ayant potentiellement des liens avec les *Panama Papers*. Un porte-parole de Revenu Québec a affirmé que l'on était déterminé à agir rapidement[334].

* * *

Auprès des contribuables moins fortunés, Revenu Québec y va de son artillerie lourde et ne se contente pas de s'en remettre à l'autodénonciation, incitant même son équipe de vérificateurs à faire du zèle en imposant des quotas.

En 2015, le Protecteur du citoyen a dénoncé des pratiques clairement abusives: « Revenu Québec a empêché bon nombre de contribuables de faire valoir leurs arguments devant des avis de cotisation erronés basés sur de simples présomptions[335]. »

* * *

Plus de 350 économistes de tous les horizons, dont Thomas Piketty, l'expert mondial en matière d'inégalités, et Angus Deaton, le plus récent lauréat du prix Nobel d'économie, ont signé très récemment une lettre ouverte affirmant que, en dépit de ce que d'autres avancent, les paradis fiscaux « ne sont d'aucune utilité économique ».

« En tant qu'économistes, nous avons des perspectives différentes sur ce que constitue un niveau d'imposition équitable, ont-ils souligné, mais nous nous accordons sur le fait que les territoires permettant de cacher des avoirs à travers des sociétés-écrans, ou encourageant chez eux l'enregistrement de bénéfices pour des entreprises dont les activités réelles ont lieu ailleurs, constituent des distorsions au fonctionnement global de l'économie. »

Les gouvernements y perdent chaque année entre 100 et 240 milliards de dollars en revenus fiscaux, seulement du côté de l'impôt des entreprises, estime l'Organisation de coopération et de développement économiques (OCDE).

Néanmoins, les temps changent. Écœurées par la montée des inégalités et par les politiques d'austérité, les populations pressent leurs gouvernements de serrer la vis à tous ces richards et à toutes ces multinationales qui planquent leur argent dans des paradis fiscaux. Et on semble les entendre [336].

Petite lueur d'espoir...

De plus en plus de personnes riches et de personnalités connues se lèvent pour dire que l'on doit payer ses impôts.

Dernièrement, on pouvait lire cette nouvelle au sujet de Mitch Garber, notre dragon bien connu qui devra verser au fisc canadien et au fisc américain plus de 100 millions de dollars à la suite d'une transaction qui lui aura procuré des millions, à lui et à une quarantaine de Canadiens et d'Américains qui, eux aussi, je l'espère, devront payer leurs impôts à leurs gouvernements respectifs.

« J'aurais pu changer de pays pour avoir des taux d'imposition moins élevés. J'aurais pu déménager dans des paradis fiscaux. Mais si j'avais fait ça, j'aurais vendu le futur de mes enfants pour sauver de l'impôt[337]. » Est-il normal de se réjouir d'un cas d'espèce alors que cela devrait être la norme ? On vous laisse trancher.

APPRENDRE À DÉSOBÉIR

*L'histoire nous montre que les pires atrocités
(guerres, génocides, esclavage) ne résultent pas de la
désobéissance, mais plutôt de l'obéissance.*
HOWARD ZINN.

ÉLECTION APRÈS ÉLECTION, force est de constater qu'aucun changement véritable ne se produira sans luttes citoyennes ni révoltes populaires. Dans notre système parlementaire actuel, le vote électoral n'est qu'un acrochordon sur le cul du pouvoir. Voter ne suffit pas ! Il est temps que tous les citoyens s'organisent selon leurs talents et leurs affinités pour lutter ensemble. L'heure est à l'action directe et à la désobéissance civile.

Désobéir aux lois injustes est un devoir citoyen. La désobéissance civile, faussement nommée *vandalisme* par une bourgeoisie qui sent le bacon, n'est pas motivée par le caprice personnel ni par l'intérêt individuel, mais par la conscience et la volonté de protéger le bien commun. Militants, activistes, mères de famille, participants de « Célibataires et nus », étudiants aux HEC, Don Quichottes en souliers à velcro, tout le monde, faisons taire le Grand Capital et les *pantins de la destruction* qui le soutiennent.

Les hôtels de ville, l'Assemblée nationale et le Parlement sont des fosses à purin où des porcs se roulent en couinant leur mépris pour le peuple. Après tous les scandales de corruption qu'on nous sert jour après jour, qui s'offusquerait qu'un groupe de citoyens défoncent les portes de l'endroit où toutes ces magouilles ont été encadrées et légiférées ? Le pouvoir et ses mandarins nous diront qu'ils « mettent la démocratie en danger ». Ah ! Ce qui met la démocratie en danger, c'est de tolérer l'into-lérable de l'actualité. C'est d'étouffer notre révolte à coups de téléséries palliatives. Ce qui met la démocratie en danger, c'est de croire que nous vivons en démocratie. Et s'ils nous jettent en prison ? Le philosophe Henry David Thoreau répondrait : « Dans une société où règne l'injustice, la place d'un homme honnête est en prison. »

Les Québécois et Québécoises sont une bande de chialeux, de pissous et de p'tits pains qui ne font jamais rien écrasés sur leur steak ? Eh bien, c'est faux, camarades ! Cette conclusion fera mentir le titre du livre.

LES FEMMES DÉSOBÉISSENT

Pour lutter contre l'effacement et les tabous qui entourent le sexe féminin, le collectif montréalais Parti vagin a pris d'assaut les lieux publics en placardant les rues et les murs de Montréal de dessins de vulves[338]. Si les murs ont des oreilles, ils ont aussi maintenant des lèvres : tout ce qu'il faut pour communiquer !

* * *

À plusieurs reprises, les FEMEN ont manifesté lors du Grand Prix de F1 pour dénoncer l'exploitation sexuelle des femmes[339]. Après qu'elle se fut couchée sur un bolide, l'activiste Neda Topaloski s'est fait sortir violement comme une poche de patates, car, lui a-t-on dit, « le char vaut plus qu'elle ». Les agents de sécurité ont traîné ses dangereux mamelons en prison pour que les amateurs de cylindres et d'acouphènes puissent regarder en toute quiétude des voitures tourner en rond.

* * *

Plusieurs leaders de la communauté autochtone organisent depuis 2001 la traditionnelle marche annuelle pour les femmes autochtones disparues et assassinées, qui se tient dans plusieurs villes du

Canada[340]. J'espère que nous allons enfin comprendre que les fantômes n'ont pas à rester invisibles !

L'ENVIRONNEMENT DÉSOBÉIT

Notre ministre de l'Environnement a davantage en commun avec un pompiste de station-service qu'avec un écologiste. Heureusement, le superbe front commun des Premières Nations et autres citoyens de partout au Québec ont pris le relais[341].

Plusieurs dizaines de marcheurs ont participé à la marche des Peuples : un pèlerinage de 800 km en 42 jours autour de la Gaspésie pour manifester contre le transport et l'exploitation des hydrocarbures[342]. Lors de leur périple, ils en ont même profité pour faire annuler une conférence de presse du ministre libéral Jean D'amour[343]. Ce dernier a quitté lâchement par la porte arrière, la queue entre les jambes, protégé par la police et refusant de s'adresser aux manifestants.

* * *

Des participants ont fermé une valve de la ligne 9B d'Enbridge[344] pour ensuite s'y enchaîner. Dénouement : trois arrestations et la cote boursière d'Enbridge a plongé de 8 %[345].

* * *

De nombreuses manifestations ont eu lieu à travers le Québec pour dénoncer les projets de pipelines. La désobéissance civile, la pression sociale et un roux aux lunettes jaunes en beau *tabarnak* incarnant la colère populaire auront finalement réussi à faire annuler les audiences de l'Office national de l'énergie (ONÉ) sur le pipeline d'Énergie Est[346].

* * *

Pour dénoncer la méga-souillure de la cimenterie de Port-Daniel, financée à même les poches des Québécois et de Mère Nature, des citoyens sont allés occuper l'endroit d'où sort ledit cash : la Caisse de dépôt[347]. « Bonjour, c'est pour un retrait ? – Non, justement ! »

* * *

Pour sensibiliser les automobilistes à leur grande fragilité sur la route, des cyclistes à poil ont pédalé au centre-ville de Montréal[348]. « Écologistes nus », « Montréal » et « vélo » : on dirait une formule magique pour faire éclater l'encéphale de Jeff Fillion.

LES INÉGALITÉS DÉSOBÉISSENT

L'occupation de terrains, de bâtiments ou de bureaux de politiciens est l'une des tactiques utilisées par le FRAPRU pour revendiquer des réaménagements urbains plus équitables. Plusieurs personnes du collectif ont installé des tentes sur le terrain de l'usine de Sucre Lantic, à Montréal[349], afin de réclamer davantage de financement pour le logement social.

* * *

Pour protester contre l'embourgeoisement, une trentaine de personnes cagoulées sont entrées dans une épicerie fine du quartier Saint-Henri pour y voler principalement de bonnes grosses saucisses bios dans le but de les redistribuer et y laissant un manifeste pour la dégentrification[350]. La police, n'ayant reçu aucune plainte pour vol de baguettes et de choucroute, a abandonné la piste d'un réseau de mangeurs de hot-dogs européens. Une dizaine de cas de désobéissance civile anti-embourgeoisement ont eu lieu à Montréal depuis 2012, dont quatre en 2016. Même si ces actions ne font pas l'unanimité, elles ont au moins le mérite de détourner l'attention des médias des photos Instagram de Kim Kardashian pour attirer l'attention sur ce grave problème.

* * *

Anonymous, un groupe de hacktivistes qui se sert du Web pour faire de la désobéissance civile, s'est emparé du site de l'Association des firmes de génie-conseil du Québec pour vilipender leur réputation[351]. Les noms des dossiers ont été remplacés par de faux titres mentionnant la corruption et le copinage.

* * *

Lors de la veillée pour les victimes homosexuelles de la tuerie d'Orlando, l'activiste trans Esteban Torres, qui livrait un discours à la foule, a crié « Viva la revolución ! » avant de lancer une boulette de papier en direction du premier ministre[352], déclenchant un véritable branle-bas de combat ! Depuis ce jour tragique, Philippe Couillard, pendant la pause à l'Assemblée nationale, joue bravement à « Roche-révolution-ciseaux ».

L'ÉDUCATION DÉSOBÉIT

La Fédération nationale des enseignantes et enseignants du Québec (FNEEQ), syndicat affilié à la CSN, a décidé que, en cas d'adoption d'une loi forçant le retour au travail, elle appuierait ses syndicats dans la poursuite de la grève même si cela constitue un geste de désobéissance civile[353]. En ces temps de statu quo, il est rare qu'un syndicat appuie la désobéissance.

* * *

Le mouvement citoyen « Je protège mon école publique », composé de parents, d'élèves et de professeurs aux premières loges du désastre, organise des chaînes humaines devant les écoles pour exiger du financement[354].

Les taxis désobéissent

En plus des grèves et des manifestations[355], des chauffeurs de taxi ont lancé des œufs et de la farine sur une voiture Uber[356]. Ajoutez du lait, une pincée de sel et, finalement, chiez sur le capot. On leur fera des crêpes à la *marde*.

La désobéissance civile peut aussi être utilisée par le citoyen corporatif UberX. Comme le souligne le chérubin radio-canadien Gérald Fillion, notre *babyface* de l'économie : « C'est une forme de désobéissance civile du capitalisme : on fait fi des règles et des lois, on fonce, on abat les murs, on met tout le monde devant le fait accompli[357]. » Ces filous nous volent de l'impôt et nos moyens de pression !

Le droit de manifester ?

Le Centre de recherche en droit public a dévoilé les résultats d'une étude[358] portant sur la perception des Québécois et Québécoises, où l'on constate que les deux groupes sociaux qui suscitent le plus de méfiance sont les assistés sociaux et les manifestants. Mais quelle perspicacité ! À ceux qui ont répondu ça, eh bien, vous êtes du genre à vous promener en forêt, à y voir plein de pancartes « Attention aux grizzlis ! » et à vous méfier des ratons laveurs et des lapins.

Les contribuables en pantoufles, la police et les lois répressives forment un dangereux cocktail. Un recul foutrement inquiétant du droit de manifester est observé, et ce, malgré les petites victoires en Cour supérieure de la dernière année, telles que l'invalidation de l'article 500.1, qui ne permet plus à la police d'arrêter des manifestants en invoquant le Code de la sécurité routière [359], ainsi que deux articles du règlement municipal P-6. (Le port du masque est maintenant légal et l'itinéraire doit encore être remis, sauf en cas de manifestation spontanée.)

Jugeant ces lois toujours liberticides, le militant Anarchopanda ira en appel de ce jugement [360] pour ne plus être obligé de fournir l'itinéraire, quelle que soit la circonstance.

Quant à La Ligue des droits et libertés, elle juge arbitraire ces lois [361]. Elle a compilé des données de 2011 à 2015 et a constaté que plusieurs marches sans itinéraire ont été tolérées, alors que d'autres, non. Comme dirait Richard Cocciante : c'est une question de feeling. Par exemple, les manifestations du Collectif opposé à la brutalité policière (COBP) et du 1er mai anticapitaliste ne jouissent pas d'une grande tolérance. Y'ont d'affaire à marcher sur le trottoir en rang d'oignons avec les fesses serrées !

Mais tout ça n'empêche pas le toujours très libéral Denis Coderre de réitérer l'importance qu'il accorde au règlement P-6 : « On n'a pas besoin de se masquer ici. On a la liberté d'expression et on peut dire ce qu'on a à dire à moins de vouloir jouer contre le système et faire de la casse[362]. » Autrement dit, on a la liberté d'expression tant qu'on ne nuit pas au projet de festival de Gilbert Rozon, à la mijoteuse de Ricardo ou au sommeil de Jacques Villeneuve en visite en Nouvelle-France. Soyons honnêtes, l'élite en place ne veut tolérer que des défilés de mode bien encadrés qui revendiquent avec des pots Mason remplis de bisous.

* * *

Notre devoir est de désobéir aux laquais du pouvoir, aux marionnettes au long nez, aux carriéristes médiocres, aux « licheux de cul » aux lèvres brunes, aux exploiteurs endimanchés, à ceux qui oublient la poésie quand ils parlent de politique, aux artistes qui voulaient changer le monde et qui ont finalement changé de « char », aux *bosses* aux grosses gosses, aux patrons poltrons, à la mafia libérale, à la « police pleine de pisse numéro 36 », aux péquistes courageux dans l'opposition, à ceux qui violent Dame Nature avec leurs gros pipelines bandés de pétrole, aux médias qui préfèrent les clics au journalisme, aux néocolonialismes sur Anticosti et à nous-mêmes qui sommes un peu tout ça dans notre cœur d'enfant aux mitaines trop grandes. Pour paraphraser Étienne de La Boétie : « Les tyrans ne sont grands que parce que le peuple est à genoux. »

Le **GENOU**
Cours de sexe 101
sera remis à :

Gaétan Barrette, ministre de la santé

« La vasectomie, est-ce que ça doit être payé
par le public ? [...] Est-ce qu'il y a une maladie
qui s'appelle spermatozoïdes ? »

Le **GENOU**
Culture
sera remis à :
La Presse

Au lendemain de la mort du compositeur Pierre Boulez,
le 6 janvier 2016, **La Presse** soulignait en première page :
« Pierre Boulay est mort ».
(Isabelle Boulay, Pierre Boulez, même combat.)

Le **GENOU**
Délicatesse
sera remis à :

André Arthur, animateur RadioX

« Je me suis fait offrir une pipe
pour 5 $ par une Amérindienne.
Pis en plus elle n'avait pas de dents,
ce qui était quand même rassurant. »

Le **GENOU**
Esprit des fêtes
sera remis à :

Francine Charbonneau,
ministre responsable des Aînés

« Je pense que les gens en CHSLD sont bien nourris.
Maintenant, les choix qui sont faits, on peut les
questionner, mais sachez que, souvent, quand vous
allez dans des partys de Noël ou dans des buffets,
les pommes de terre sont en poudre et reconstituées. »

Le **GENOU** Femina
sera remis à :

Gilbert Rozon, grand comique

« Si vous voulez donner plus de
liberté à une femme,
agrandissez sa cuisine. »

Le **GENOU**
Tête à Papineau
sera remis à :

Denis Coderre, maire de Montréal

« La science, on ne peut pas dire
d'un côté comme de l'autre
comment ça fonctionne. »

Le **GENOU** Vert
sera remis à :

Eric Martel, pdg d'Hydro-Québec

« Vers l'année 2050, on prévoit qu'il va y
avoir une augmentation des précipitations
(dues aux changements climatiques) au Québec,
ce qui est une très bonne nouvelle pour nous. »

NOTES

1   *Le Devoir*, 27 octobre 2015 : http://www.ledevoir.com/
     economie/actualites-economiques/453613/les-quebecois-seront-
     maitres-de-leurs-ressources

2   *Le Devoir*, 15 mars 2016 : http://www.ledevoir.com/politique/
     quebec/465467/l-acceptabilite-sociale-un-concept-cynique

3   *Le Devoir*, 14 janvier 2016 : http://www.ledevoir.com/
     environnement/actualites-sur-l-environnement/460086/arcand-
     presenterait-la-future-politique-energetique-dans-le-cadre-d-un-
     cocktail-prive

4   *Le Devoir*, 4 mars 2016 : http://www.ledevoir.com/
     environnement/actualites-sur-l-environnement/464507/
     energie-est-jean-charest-a-tente-d-organiser-une-rencontre-entre-
     transcanada-et-le-cabinet-de-trudeau

5   *Le Devoir*, 15 octobre 2015 : http://www.ledevoir.com/
     politique/canada/452539/le-copresident-de-la-campagne-de-
     trudeau-donne-des-conseils-de-lobbying-a-transcanada

6   *La Presse*, 1er octobre 2016 : http://www.lapresse.ca/
     actualites/201609/30/01-5026345-projet-doleoduc-transcanada-
     embauche-un-specialiste-des-relations-municipales.php

7   *Le Devoir*, 6 août 2016 : http://www.ledevoir.com/politique/
     canada/477184/le-dossier-energie-est-rattrape-charest

8   *Le Devoir*, 25 août 2016 : http://www.ledevoir.com/
     environnement/actualites-sur-l-environnement/478473/energie-
     est-l-one-elude-les-accusations-de-partialite

9   *Le Devoir*, 10 septembre 2016 : http://www.ledevoir.com/
     environnement/actualites-sur-l-environnement/479678/energie-
     est-les-commissaires-de-l-one-se-recusent

10   *La Presse*, 24 septembre 2014 : http://affaires.lapresse.ca/
     economie/quebec/201409/23/01-4802995-ingenierie-dessau-
     vendue-a-lalbertaine-stantec.php

11   *Le Devoir*, 29 août 2016 : http://www.ledevoir.com/
     environnement/actualites-sur-l-environnement/478741/des-
     centaines-de-pieces-potentiellement-faibles-dans-les-pipelines-
     de-transcanada?utm_source=infolettre-2016-08-29&utm_
     medium=email&utm_campaign=infolettre-quotidienne

12   *Le Soleil*, 4 avril 2016 : http://www.lapresse.ca/le-soleil/
     actualites/transports/201604/03/01-4967305-oleoduc-energie-
     est-pas-assez-de-specialistes.php

13 *Le Devoir*, 29 août 2016 : http://www.ledevoir.com/
    environnement/actualites-sur-l-environnement/478741/des-
    centaines-de-pieces-potentiellement-faibles-dans-les-pipelines-de-
    transcanada

14 *Le Devoir*, 25 janvier 2016 : http://www.ledevoir.com/
    environnement/actualites-sur-l-environnement/461100/de-l-
    argent-vert-pour-un-geant-petrolier

15 *Le Devoir*, 26 janvier 2016 : http://www.ledevoir.com/
    environnement/actualites-sur-l-environnement/461154/
    ecoperformance-la-decision-de-financer-une-petroliere-
    multimilliardaire-est-justifiee

16 *Le Journal de Montréal*, 3 février 2016 : http://www.
    journaldemontreal.com/2016/02/03/6-millions--pour-un-
    oleoduc

17 *Le Journal de Québec*, 14 janvier 2016 : http://www.
    journaldequebec.com/2016/01/13/largent-du-fonds-vert-
    gaspilles

18 *Le Devoir*, 18 mars 2016 : http://www.ledevoir.com/
    environnement/actualites-sur-l-environnement/465802/budget-
    leitao-injection-de-620-millions-pour-la-restauration-des-sites-
    miniers-abandonnesminiers-abandonnes page consultée le 21
    septembre 2016.

19 *La Presse*, 10 juillet 2016 : http://www.lapresse.ca/
    environnement/especes-menacees/201607/10/01-4999620-
    zone-industrialo-portuaire-a-cacouna-greenpeace-sexplique-mal-
    la-decision-de-quebec.php

20 *La Presse*, 25 mai 2016 : http://www.lapresse.ca/actualites/
    politique/politique-quebecoise/201605/25/01-4984886-le-
    ministre-des-forets-declare-la-guerre-a-greenpeace.php

21 *La Presse +*, 6 juin 2016 : http://plus.lapresse.ca/
    screens/62b797ca-a583-446c-8a59-288cbd0fbd39%7C_0.html

22 *Le Devoir*, 20 août 2016 : http://www.ledevoir.com/politique/
    quebec/478195/remaniement-ministeriel-laurent-lessard-devient-
    ministre-des-transports

23 *Le Devoir*, 18 août 2016 : http://www.ledevoir.com/
    environnement/actualites-sur-l-environnement/477975/les-
    reserves-fauniques-ouvertes-a-l-exploration-petroliere

24 Assemblée nationale du Québec, Première session, 41e législature,
    Projet de loi n°106 : Loi concernant la mise en œuvre de la
    Politique énergétique 2030 et modifiant diverses dispositions
    législatives ; présenté par M. Pierre Arcand, ministre de l'Énergie
    et des Ressources naturelles. Éditeur officiel du Québec, 2016.

25   *Le Devoir*, 8 juin 2016 : http://www.ledevoir.com/
      environnement/actualites-sur-l-environnement/472874/quebec-
      donne-aux-petrolieres-le-droit-d-exproprier

26   *Le Devoir*, 16 août 2016 : http://www.ledevoir.com/
      environnement/actualites-sur-l-environnement/477799/
      hydrocarbures-une-centaine-de-villes-rejettent-le-projet-de-
      loi-106

27   *Le Devoir*, 16 avril 2016 : http://www.ledevoir.com/
      environnement/actualites-sur-l-environnement/468386/
      transition-energetique-quebec-lorgne-des-gisements-a-emissions-
      elevees

28   *Le Devoir*, 18 août 2016 : http://www.ledevoir.com/
      environnement/actualites-sur-l-environnement/477987/
      hydrocarbures-quebec-refuse-de-s-engager-a-proteger-les-baies-
      de-gaspe-et-des-chaleurs

29   Ici Radio-Canada, 12 septembre 2016 : http://ici.radio-canada.
      ca/regions/est-quebec/2016/09/12/007-petrolia-hydrocarbures-
      accuse.shtml

30   Site internet Global Footprint Network, Earth Overshoot Day
      2016, 2016 : http://www.overshootday.org/

31   *Le Soleil*, 24 novembre 2015 : http://www.lapresse.ca/le-soleil/
      dossiers/commission-charbonneau/201511/24/01-4924322-pas-
      de-mea-culpa-des-liberaux-a-la-suite-du-rapport-charbonneau.
      php

32   Information obtenue par le magazine radio-canadien *Enquête*
      et rapportée par Patrick Lagacé, *La Presse*, 16 décembre 2015 :
      http://plus.lapresse.ca/screens/7b829b7f-8d28-4685-b0b8-
      2cf06a98ef63%7C_0.htm

33   *Le Devoir*, 16 janvier 2016 : http://www.ledevoir.com/non-
      classe/460415/les-liberaux-finances-illegalement-par-un-eminent-
      comptable ; *Métro*, 16 novembre 2015 : http://journalmetro.
      com/actualites/national/875247/un-homme-aurait-permis-a-
      des-employes-de-dessau-de-donner-frauduleusement-5000-au-
      plq/

34   *La Presse*, 17 mars 2016 : http://www.lapresse.ca/actualites/
      justice-et-affaires-criminelles/affaires-criminelles/201603/17/01-
      4961644-nathalie-normandeau-accusee-complot-corruption-
      fraude-abus-de-confiance.php

35   *Le Journal de Montréal*, 18 août 2016 : http://www.
      journaldemontreal.com/2016/08/18/des-proches-de-lex-
      argentier-du-parti-liberal-vises-par-le-fisc

36   *Ibid*.

37   *La Presse*, 17 août 2016 : http://www.lapresse.ca/
actualites/201608/17/01-5011343-perquisition-en-matiere-
fiscale-chez-schokbeton-propriete-de-marc-bibeau.php

38   *Le Devoir*, 6 août 2016 : http://www.ledevoir.com/politique/
canada/477184/le-dossier-energie-est-rattrape-charest

39   *La Presse,* 25 avril 2016 : http://www.lapresse.ca/
actualites/justice-et-affaires-criminelles/actualites-
judiciaires/201604/24/01-4974689-lupac-enquete-sur-les-liens-
entre-joel-gauthier-et-tony-accurso.php

40   Simon-Pierre Savard-Tremblay, « Pierre-Marc Johnson se paie
notre tête», *Le Journal de Montréal*, 23 septembre 2016.

41   *La Presse*, 17 novembre 2014 : http://affaires.lapresse.ca/
economie/transports/201411/17/01-4819710-raymond-
bachand-lobbyiste-pour-bombardier.php

42   *Le Journal de Montréal*, 20 février 2016 : http://www.
journaldemontreal.com/2016/02/20/daniel-johnson-en-
mene-large

43   La Presse Canadienne : http://www.lactualite.com/actualites/
chronologie-de-la-controverse-sur-la-vente-de-rona-a-lowes/

44   *Le Journal de Montréal*, 27 septembre 2016 : http://www.
journaldequebec.com/2016/09/27/affaire-lessard-le-pq-et-
la-caq-en-rajoutent-concernant-yvon-nadeau ;. *Le Journal de
Montréal*, 21 septembre 2016 : http://www.journaldemontreal.
com/2016/09/21/ethique-le-ministre-lessard-ebranle

45   *Le Journal de Montréal*, 29 septembre 2016 : http://www.
journaldemontreal.com/2016/09/29/le-patron-proche-des-
liberaux

46   *L'Actualité*, 17 mai 2016 : http://www.lactualite.com/politique/
lupac-a-t-elle-ignore-des-plaintes-du-ministere-des-transports/ ;
La Presse, 8 juin 2016 : http://www.lapresse.ca/actualites/
politique/politique-quebecoise/201606/08/01-4989867-mtq-
des-documents-disparus-et-des-faux-presentes-aux-deputes.php

47   *Le Devoir*, 12 septembre 2016 : http://www.ledevoir.com/
politique/canada/479769/financement-politique-menage-a-faire

48   *Le Devoir*, 27 mai 2016 : http://www.ledevoir.com/societe/
actualites-en-societe/471954/financement-politique-une-
centaine-d-ingenieurs-lies-a-snc-lavalin-epingles

49   *Le Devoir*, 19 mars 2016 : http://www.ledevoir.com/economie/
actualites-economiques/465952/snc-lavalin-a-supprime-950-
postes

50   *Le Devoir*, 14 septembre 2016 : http://www.ledevoir.com/
economie/actualites-economiques/479929/au-tour-de-dessau-
de-rembourser

51   *Le Devoir*, 30 septembre 2016 : http://www.ledevoir.com/
politique/quebec/481254/protectrice-du-citoyen-les-plus-
vulnerables-ont-paye-le-prix-de-l-austerite

52   *Le Journal de Montréal*, 27 septembre 2016 : http://www.
journaldemontreal.com/2016/09/27/des-pitbulls-au-salaire-
minimum

53   *La Presse*, 26 septembre 2016 : http://plus.lapresse.ca/
screens/59a46ac8-6da1-4743-8c89-afd59b0a5e0e%7C_0.html

54   *Le Devoir*, 5 décembre 2014 : http://www.ledevoir.com/
politique/quebec/425951/couillard-nie-diriger-un-
gouvernement-pronant-l-austerite

55   *La Presse*, 13 juin 2015 : http://www.lapresse.ca/actualites/
politique/politique-quebecoise/201506/13/01-4877795-
lausterite-nest-pas-finie-previent-couillard.php

56   *Le Devoir,* 30 septembre 2016 : http://www.ledevoir.com/
politique/quebec/481254/protectrice-du-citoyen-les-plus-
vulnerables-ont-paye-le-prix-de-l-austerite

57   *Ibid.*

58   *Ibid.*

59   Radio-Canada, 4 avril 2016 : http://ici.radio-canada.ca/
nouvelles/politique/2016/04/04/001-sam-hamad-vacances-
floride-commissaire-ethique.shtml

60   Radio-Canada, 31 mars 2016 : http://ici.radio-canada.ca/
nouvelles/politique/2016/03/31/007-ministre-sam-hamad-marc-
yvan-cote-parti-liberal-financement-politique.shtml

61   Radio-Canada, 10 novembre 2015 : http://ici.radio-canada.ca/
nouvelles/economie/2015/11/10/004-quebec-assistes-sociaux-
couper-aide-social-projet-loi-travail.shtml

62   Radio-Canada, 22 janvier 2016 : http://ici.radio-canada.ca/
regions/est-quebec/2016/01/22/006-aide-sociale-itinerants-
reforme-professeurs-uqar-projet-loi-70-hamad.shtml

63   *Le Devoir*, 28 janvier 2016 : http://www.ledevoir.com/politique/
quebec/461423/aide-sociale-meme-les-patrons-doutent-des-
sanctions-proposees

64   *Le Devoir*, 7 septembre 2016 : http://www.ledevoir.com/
politique/quebec/479452/projet-de-loi-sur-l-aide-sociale-
philippe-couillard-brandit-le-baillon

65   *Le Soleil*, 24 août 2016 : http://www.lapresse.ca/le-soleil/
actualites/politique/201608/23/01-5013380-blais-envisage-la-
retenue-du-cheque-daide-sociale-comme-sanction.php

66   *Le Devoir*, 21 janvier 2016 : http://www.ledevoir.com/politique/
quebec/460741/titre-logement-social-les-regions-paralysees

67   Radio-Canada, 22 février 2016 : http://ici.radio-canada.ca/
nouvelles/politique/2016/02/22/003-pq-peladeau-poirier-acces-
logis-logements-sociaux-compressions.shtml

68   *Le Soleil,* 13 juin 2016 : http://www.lapresse.ca/le-soleil/affaires/
actualite-economique/201606/13/01-4991395-centres-dappels-
gouvernementaux-en-dire-le-moins-possible-aux-quebecois.php

69   Bilan-Faim 2015, Banques alimentaires du Québec : http://www.
banquesalimentaires.org/bilanfaim2015/

70   *Le Devoir*, 18 novembre 2015 : http://www.ledevoir.com/
societe/actualites-en-societe/455529/la-faim-tenaille-de-plus-en-
plus-de-canadiens

71   *Ibid.*

72   Bilan-Faim 2015, *op.cit.*

73   *Le Journal de Montréal*, 31 août 2016 : http://www.
journaldemontreal.com/2016/08/31/fermeture-de-bonne-boite-
bonne-bouffe-fini-les-fruits-et-legumes-bon-marche

74   Radio-Canada, 26 mars 2015 : http://ici.radio-canada.ca/sujet/
budget-quebec-2015/2015/03/26/004-budget-quebec-carlos-
leitao-compression-ministeres-programmes-services-coupures.
shtml

75   *La Presse*, 28 avril 2015 : http://www.lapresse.ca/actualites/
education/201504/28/01-4864995-coupes-a-la-csdm-un-
programme-daide-alimentaire-reduit.php

76   *Le Journal de Québec*, 19 avril 2016 : http://www.
journaldequebec.com/2016/04/19/primes-de-15-g-aux-medecins

77   Radio-Canada, 7 mars 2016 : http://ici.radio-canada.ca/regions/
est-quebec/2016/03/07/011-aliments-couteux-compressions-
budgetaires-menu-cafeteria.shtml?isAutoPlay=1

78   canoe.ca, 15 juin 2016 : http://fr.canoe.ca/infos/quebeccanada/
politiqueprovinciale/archives/2016/06/20160615-114408.html

79   TVA Nouvelles, 15 juin 2016 : http://www.tvanouvelles.
ca/2016/06/15/quebec-endosse-les-patates-en-poudre-dans-les-
chsld

80   Radio-Canada, 14 juin 2016 : http://ici.radio-canada.ca/regions/
quebec/2016/06/14/002-frais-hebergement-chsld-programme-
exoneration-ramq.shtml

81   Radio-Canada, 5 novembre 2015 : http://ici.radio-
canada.ca/emissions/le_15_18/2015-2016/chronique.
asp?idChronique=388646

82   Radio-Canada, 17 décembre 2015 : http://ici.radio-canada.
ca/regions/montreal/2015/12/17/001-soins-domicile-sante-
patients-csss.shtml

83 *Le Devoir*, 3 février 2016 : http://www.ledevoir.com/societe/ sante/461886/le-couperet-tombe-sur-la-readaptation-des-plus- vulnerables

84 *Le Journal de Québec*, 24 août 2016 : http://www. journaldequebec.com/2016/08/24/quebec-injecte-22-millions- dans-les-soins-a-domicile

85 Radio-Canada, 9 septembre 2016 : http://ici.radio-canada.ca/ nouvelles/Politique/2016/09/09/001-soins-domicile-cisss-laval- appel-offre-economie-sociale-gaetan-barrette.shtml

86 *Le Devoir*, 5 décembre 2015 : http://www.ledevoir.com/non- classe/457191/bilan-de-session-a-quebec-les-medecins-gagnent- assez-dit-couillard

87 *Le Devoir*, 19 janvier 2016 : http://www.ledevoir.com/politique/ quebec/460556/coupes-et-cpe-services-socialement-rentables

88 *La Presse*, 26 novembre 2015 : http://www.lapresse.ca/actualites/ education/201511/25/01-4924883-cpe-et-garderies-privees- subventionnees-mises-a-pied-massives-en-vue.php

89 *Le Devoir*, 19 janvier 2016, *op.cit.*

90 *Le Soleil*, 30 mai 2016 : http://www.lapresse.ca/le-soleil/ actualites/education/201605/30/01-4986763-coupes-jusqua-33- par-enfant-dans-les-cpe.php

91 *Le Soleil*, 16 mars 2016 : http://www.lapresse.ca/le-soleil/ actualites/education/201603/16/01-4961360-cpe-les-parents- ont-eu-le-temps-deconomiser-selon-couillard.php

92 *La Presse*, 26 novembre 2015, *op.cit.*

93 *La Presse*, 16 février 2016 : http://www.lapresse.ca/actualites/ education/201602/16/01-4951146-les-cpe-redoutent-les-effets- des-compressions-sur-les-enfants-handicapes.php

94 *La Presse*, 29 janvier 2016 : http://www.lapresse.ca/ actualites/201601/29/01-4945029-personnes-handicapees-de- nombreux-centres-daccueil-menaces-de-fermeture.php

95 *Ibid.*

96 *La Presse*, 7 juillet 2016 : http://www.lapresse.ca/actualites/ sante/201607/06/01-4998686-services-pour-personnes- handicapees-le-camo-fermera-ses-portes-en-aout.php

97 *La Presse*, 10 octobre 2015 : http://www.lapresse.ca/debats/ votre-opinion/201510/09/01-4908420-des-decennies-dausterite- pour-les-proches-aidants.php

98 *Le Devoir*, 22 juillet 2016 : http://www.ledevoir.com/societe/ sante/476121/aidants-naturels-la-maison-gilles-carle-fermee- pour-dix-semaines

99   *La Presse*, 16 septembre 2016 : http://www.lapresse.ca/actualites/
      sante/201609/16/01-5021241-curateur-public-les-abus-
      augmentent-en-raison-des-compressions.php

100   *La Presse,* 23 janvier 2016 : http://plus.lapresse.ca/screens/
      fb9d3570-5201-490b-ab23-f6b5b05f7e74|_0.html

101   *Ibid.*

102   *Le Devoir,* 29 mars 2014 : http://www.ledevoir.com/politique/
      quebec/404007/paradis-fiscal-je-suis-content-de-l-avoir-fait-dit-
      couillard

103   *Le Devoir,* 10 novembre 2015 : http://www.ledevoir.com/non-
      classe/454764/sommet-2015-sur-la-culture-philanthropique-
      justice-sociale-et-philanthropie-une-relation-tendue

104   *Ibid.*

105   CBC, 4 janvier 2016 : http://www.cbc.ca/news/business/ceo-
      pay-2015-1.3388235

106   *La Presse*, 1ᵉʳ septembre 2016 : http://affaires.lapresse.ca/
      economie/quebec/201609/01/01-5016121-investissement-
      quebec-des-bonis-de-3-millions-peu-importe-les-resultats.php

107   *Le Devoir,* 2 avril 2014 : http://www.ledevoir.com/politique/
      quebec/404405/jour-29-la-prime-de-1-2-million-versee-au-dr-
      barrette-cree-un-malaise

108   *Le Devoir,* 3 octobre 2016 : www.ledevoir.com/politique/
      quebec/458566/negociations-2015-de-l-inegalite-au-quebec

109   *Le Devoir,* 6 juin 2016 : http://www.ledevoir.com/societe/
      actualites-en-societe/472688/perdre-pied

110   *Le Huffington Post,* 3 octobre 2016 : http://quebec.
      huffingtonpost.ca/2014/10/28/centaines-de-cadres-payes-en-
      trop-le-gouvernement-ne-sevira-pas_n_6063452.html

111   *Le Journal de Montréal,* 30 octobre 2015 : http://www.
      journaldequebec.com/2015/10/30/fonctionnaires-forces-de-
      rembourser-letat--une-question-dequite-selon-coiteux

112   *Ibid.*

113   *La Presse,* 28 novembre 2015 : http://www.lapresse.ca/actualites/
      montreal/201511/27/01-4925728-accueil-des-refugies-un-
      responsable-de-la-coordination-paye-1800-par-jour.php

114   *La Presse,* 11 décembre 2016 : http://www.lapresse.ca/
      actualites/201512/11/01-4930118-refugies-quatre-employes-a-
      toronto-pour-le-prix-dun-a-montreal.php

115   *La Presse,* 13 novembre 2015 : http://affaires.lapresse.ca/
      resultats-financiers/201511/13/01-4920535-profits-en-hausse-
      de-3-chez-hydro-quebec.php

116 *La Presse,* 28 novembre 2015 : http://affaires.lapresse.ca/
economie/energie-et-ressources/201511/27/01-4925665-
electricite-la-hausse-sera-plus-forte-que-prevu-en-2016.php

117 *La Presse,* 15 mai 2015 : http://www.lapresse.ca/
actualites/201505/14/01-4869871-fermeture-de-points-de-
service-desjardins-la-grogne-ne-sestompe-pas.php

118 *La Presse,* 25 février 2016 : http://affaires.lapresse.ca/resultats-
financiers/201602/25/01-4954565-desjardins-excedents-record-
frolant-les-2-milliards-en-2015.php

119 *Le Journal de Montréal,* 6 avril 2016 : http://www.
journaldemontreal.com/2016/04/06/monique-f-leroux-defend-
difficilement-les-salaires

120 *La Presse,* 30 septembre 2016 : http://www.lapresse.ca/
actualites/201609/30/01-5025980-mitch-garber-paiera-plus-de-
100-millions-en-impots.php

121 *Le Huffington Post,* 29 octobre 2015 : http://quebec.
huffingtonpost.ca/joanne-marcotte/famille-beaudoin-
bombardier-gouvernement-couillards_b_8428322.html

122 Radio-Canada, 5 juillet 2016 : http://ici.radio-canada.ca/
nouvelles/Economie/2016/07/05/004-quebec-gouvernement-
budget-surplus-finances.shtml

123 À lire absolument : Alain Deneault, *Une escroquerie légalisée.
Précis sur les paradis fiscaux.* Éditions Écosociété, avril 2016, 128p.

124 *Le Devoir,* 13 avril 2013 : http://www.ledevoir.com/economie/
actualites-economiques/375627/l-austerite-quelle-idee-toxique

125 Radio-Canada, 6 février 2015 : http://ici.radio-canada.ca/
nouvelles/politique/2015/02/06/001-baillon-quebec-sante-
barrette-liberal-pa-caq.shtml.

126 Projet de loi 10 : http://www.assnat.qc.ca/fr/travaux-
parlementaires/projets-loi/projet-loi-10-41-1.html.

127 *La Presse,* 30 août 2016 : http://www.lapresse.ca/actualites/
sante/201608/30/01-5015391-abolition-du-poste-de-
commissaire-a-la-sante-les-usagers-veulent-garder-leur-voix.php.

128 *La Presse,* 13 mars 2016 : http://www.lapresse.ca/actualites/
politique/politique-quebecoise/201603/13/01-4960243-
attaques-de-barrette-diane-lamarre-veut-lintervention-de-
couillard.php.

129 Karen S. Palmer et al., « Activity-Based Funding of Hospitals and
Its Impact on Mortality, Readmission, Discharge Destination,
Severity of Illness, and Volume of Care: A Systematic Review
and Meta-Analysis », *PLOS ONE,* vol. 9, no 10, octobre 2014, p.
1-14.

130 *Le Devoir*, 26 avril 2016 : http://www.ledevoir.com/societe/
     sante/469182/sante-50-super-cliniques-d-ici-la-fin-2018.

131 *Le Devoir*, 2 juin 2016 : http://www.ledevoir.com/societe/
     sante/472380/supercliniques-le-commissaire-a-la-sante-
     sceptique.

132 Guillaume Hébert, « Note socioéconomique : La rémunération
     des médecins québécois », Institut de recherche et d'informations
     socio-économiques, 15 juin 2016, p. 3 : http://iris-recherche.
     s3.amazonaws.com/uploads/publication/file/Re_mune_ration_
     des_me_decins_WEB.pdf.

133 *Le Journal de Montréal*, 29 septembre 2016 : http://www.
     journaldemontreal.com/2016/09/29/leur-remuneration-totale-a-
     atteint-73-milliards--en-2015-2016.

134 Radio-Canada, 3 avril 2014 : http://ici.radio-canada.ca/
     nouvelles/societe/2014/04/03/001-augmentation-remuneration-
     specialistes-fmsq-gaetan-barrette.shtml.

135 Rapport de l'Administrateur en chef de la santé publique sur l'état
     de la santé publique au Canada 2008 : http://www.phac-aspc.
     gc.ca/cphorsphc-respcacsp/2008/fr-rc/cphorsphc-respcacsp07a-
     fra.php.

136 Damien Contandriopoulos et Mélanie Perroux, « Fee Increases
     and Target Income Hypothesis: Data from Quebec on Physicians'
     Compensation and Service Volumes », *Healthcare Policy*, vol. 9,
     n° 2, 2013.

137 Voir notamment le Rapport du Vérificateur général du Québec
     à l'Assemblée nationale pour l'année 2015-2016, Vérification de
     l'optimisation des ressources, automne 2015 : http://www.vgq.
     gouv.qc.ca/fr/fr_publications/fr_rapport-annuel/fr_2015-2016-
     VOR-Automne/fr_Rapport2015-2016-VOR.pdf.

138 Radio-Canada, 21 septembre 2016 : http://ici.radio-canada.ca/
     nouvelles/societe/2016/09/21/001-remuneration-medecins-
     specialistes-issam-el-haddad-abitibi-la-sarre.shtml.

139 *Le Devoir*, 5 décembre 2015 : http://www.ledevoir.com/
     politique/quebec/457191/bilan-de-session-a-quebec-les-
     medecins-gagnent-assez-dit-couillard.

140 *Le Devoir*, 26 mai 2016 : http://www.ledevoir.com/societe/
     sante/471777/chsld-le-socio-financement-au-secours-d-un-usage.

141 *Le Journal de Montréal*, 15 juin 2016 : http://www.
     journaldemontreal.com/2016/06/15/le-gouvernement-couillard-
     endosse-les-patates-en-poudre-dans-les-chsld.

142 *Ibid.*

143 *Le Devoir*, 29 septembre 2016 : http://www.ledevoir.com/
     societe/sante/481149/rapport-l-equilibre-budgetaire-s-est-fait-
     au-prix-d-une-reduction-des-services.

144 Rapport annuel d'activités 2015-2016 du Protecteur du citoyen : https://protecteurducitoyen.qc.ca/sites/default/files/pdf/rapports_annuels/rapport-annuel-2015-2016-protecteur.pdf, p. 91.

145 *Le Devoir*, 30 septembre 2016 : http://www.ledevoir.com/politique/quebec/481254/protectrice-du-citoyen-les-plus-vulnerables-ont-paye-le-prix-de-l-austerite.

146 *Le Devoir*, 25 avril 2016 : http://www.ledevoir.com/societe/sante/469087/barrette-ne-voit-pas-l-interet-de-faire-evaluer-sa-reforme.

14 *Le Devoir,* 23 avril 2016, http://www.ledevoir.com/societe/sante/469020/la-sante-a-besoin-d-un-examen-d-urgence.

148 *Le Devoir*, 14 juillet 2016 : http://www.ledevoir.com/societe/sante/475455/jeunes-medecins-barrette-recule-mais-obtient-ce-qu-il-veut.

149 Radio-Canada, 19 septembre 2016 : http://ici.radio-canada.ca/regions/Montreal/2016/09/19/001-rendez-vous-attente-9-ans-quebec-saint-eustache-cisss-gastro-enterologie.shtml.

150 Rapport annuel d'activités 2015-2016 du Protecteur du citoyen : https://protecteurducitoyen.qc.ca/sites/default/files/pdf/rapports_annuels/rapport-annuel-2015-2016-protecteur.pdf, p. 92.

151 *Le Devoir*, 27 août 2016 : http://www.ledevoir.com/societe/sante/478700/hopital-l-urgence-de-gatineau-une-des-pires-du-monde-occidental.

152 Commissaire à la santé et au bien-être, « Apprendre des meilleurs : étude comparative des urgences du Québec » : http://www.csbe.gouv.qc.ca/fileadmin/www/2016/Urgences/CSBE_Rapport_Urgences_2016.pdf, p. 6.

153 *La Presse*, 13 janvier 2016 : http://www.lapresse.ca/actualites/sante/201601/13/01-4939289-ca-du-chum-chu-sainte-justine-la-presidente-liee-a-lindustrie-pharmaceutique.php.

154 *Ibid.*

155 *Le Devoir*, 3 août 2016 : http://www.ledevoir.com/societe/sante/476876/peu-de-preuves-scientifiques-pour-appuyer-l-efficacite-de-la-soie-dentaire.

156 *Ibid.*

157 *Le Devoir*, 22 juillet 2016 : http://www.ledevoir.com/societe/sante/476110/financement-de-la-recherche-de-plus-en-plus-complexe-de-moins-en-moins-payant.

158   Sara G. Rasmussen et al., « Association Between Unconventional Natural Gas Development in the Marcellus Shale and Asthma Exacerbations », *JAMA Internal Medicine*, vol. 176, no 9, septembre 2016, p. 1334-1343.

159   Mikkonen, J. et Raphael, D. « Déterminants sociaux de la santé : les réalités canadiennes », Toronto : École de gestion et de politique de la santé de l'Université York, 2011 : http://www.thecanadianfacts.org/Les_realites_canadiennes.pdf.

160   *Le Devoir*, 28 mai 2016 : http://www.ledevoir.com/societe/sante/471994/les-premiers-ecueils-de-l-aide-medicale-a-mourir.

161   *Le Devoir*, 14 septembre 2016 : http://www.ledevoir.com/societe/sante/479961/le-ministre-barrette-annonce-l-abolition-des-frais-accessoires.

162   *La Presse*, 3 mai 2016 : http://www.lapresse.ca/actualites/sante/201605/03/01-4977529-frais-accessoires-un-recours-judiciaire-malgre-la-volte-face-de-barrette.php.

163   Radio-Canada, 21 novembre 2015 : http://ici.radio-canada.ca/regions/alberta/2015/11/20/004-cause-caron-boutet-decision-cour-supreme-alberta-saskatchewan-unilingue-anglophone.shtml

164   Radio-Canada, 3 mai 2016 : http://ici.radio-canada.ca/regions/manitoba/2016/05/03/007-rochelle-squires-unilingue-anglophone-ministre-affaires-francophones-manitoba.shtml

165   Radio-Canada, 22 février 2016 : http://ici.radio-canada.ca/regions/ontario/2016/02/22/010-librairie-centre-sudbury-francophone-fermeture.shtml

166   *Le Journal de Montréal*, 11 décembre 2015 : http://www.journaldemontreal.com/2015/12/10/le-francais-pas-obligatoire-au-gouvernement-trudeau

167   *Le Journal de Montréal*, 18 décembre 2015 : http://www.journaldemontreal.com/2015/12/18/do-you-speak-french

168   *La Presse*, 19 janvier 2016 : http://www.lapresse.ca/le-droit/politique/fonction-publique/201601/19/01-4941580-le-federal-passe-a-la-traduction-automatique.php

169   Radio-Canada, 3 février 2016 : http://m.radio-canada.ca/regions/ottawa/2016/02/03/010-traduction-federal-fautes-anglais-francais.shtml

170   *Le Devoir*, 31 août 2016 : http://www.ledevoir.com/politique/canada/478911/langues-officielles-des-inquietudes-soulevees-sur-le-bilinguisme-au-canada?utm_campaign=Autopost&utm_medium=Social&utm_source=Facebook#link_time=1472642291

171   *Le Devoir*, 26 janvier 2016 : http://www.ledevoir.com/politique/quebec/461188/une-majorite-d-immigrants-qui-ignorent-le-francais-refuse-les-cours-de-l-etat

172 *Le Devoir*, 3 février 2016 : http://www.ledevoir.com/politique/
quebec/461960/les-usines-veulent-embaucher-des-immigrants-
qui-ne-connaissent-pas-le-francais

173 *Le Devoir*, 9 février 2016 : http://www.ledevoir.com/non-
classe/462481/le-nombre-de-cours-de-francisation-en-entreprise-
coupe-de-moitie

174 *Le Devoir*, 7 avril 2016 : http://www.ledevoir.com/politique/
quebec/467513/chomage-chez-les-nouveaux-arrivants?utm_
source=infolettre-2016-04-07&utm_medium=email&utm_
campaign=infolettre-quotidienne

175 *Le Devoir*, 27 juin 2016 : http://www.ledevoir.com/politique/
quebec/474291/pas-d-argent-neuf-pour-la-francisation-des-
enfants-d-immigrants

176 *Ibid.*

177 *La Presse*, 4 avril 2016 : http://www.lapresse.ca/actualites/
sante/201604/04/01-4967341-cusm-de-plus-en-plus-de-
rapports-en-anglais-seulement-deplorent-des-medecins.php

178 *Le Soleil*, 2 juin 2016 : http://www.lapresse.ca/le-soleil/
actualites/la-capitale/201606/02/01-4987688-les-touristes-
americains-freines-par-laffichage-unilingue-francais-a-quebec.php

179 *Le Journal de Québec*, 8 janvier 2016 : http://www.
journaldequebec.com/2016/01/08/le-calendrier-de-toronto-
traduit-en-six-langues-mais-pas-en-francais

180 *La Presse*, 15 décembre 2015 : http://www.lapresse.ca/actualites/
education/201512/15/01-4931501-toujours-pas-de-plan-pour-
lamelioration-du-francais-a-lecole.php

181 Le 28 janvier 2016, François Blais est « démissionné » par
Couillard au profit de Pierre Moreau qui, pour des raisons de
santé, sera remplacé par Sébastien Proulx le 26 février 2016.

182 *Le Devoir*, 9 février 2009 : http://www.ledevoir.com/societe/
education/232633/statistique-canada-le-decrochage-scolaire-a-
augmente-au-quebec-sous-les-liberaux

183 *Le Devoir*, 16 janvier 2016 : http://www.ledevoir.com/societe/
education/460419/blais-visite-et-invite-finalement-la-csdm

184 Radio-Canada, 9 mars 2016 : i.radio-canada.ca/regions/saguenay-
lac/2016/03/09/006-climat-mefiance-uqac.shtml

185 *La Presse*, 11 mars 2016 : http://www.lapresse.ca/actualites/
education/201603/11/01-4959618-udem-252-997-en-
indemnite-de-depart-pour-une-ex-vice-rectrice.php

186 *Le Journal de Montréal*, 11 février 2016 : http://www.
journaldemontreal.com/2016/02/11/deux-fois-plus-de-hauts-
dirigeants

. 187 *Le Soleil, 8 février 2016* : http://www.lapresse.ca/le-soleil/justice-et-faits-divers/201602/08/01-4948630-lecole-secondaire-vanier-infestee-de-rats.php

188 Radio-Canada, 5 février 2016 : http://ici.radio-canada.ca/nouvelles/societe/2016/02/05/003-vetuste-ecoles-commissions-scolaires-quebec.shtml

189 *La Presse*, 24 novembre 2015 : http://www.lapresse.ca/actualites/education/201511/24/01-4924137-formulaire-dembauche-la-csdm-exige-les-antecedants-medicaux-des-candidats.php?utm_categorieinterne=trafficdrivers&utm_contenuinterne=cyberpresse_vous_suggere_4924509_article_POS1

190 TVA, 13 avril 2016 : http://fr.canoe.ca/infos/quebeccanada/politiqueprovinciale/archives/2016/04/20160413-141004.html

191 *La Presse*, 25 février 2016 : http://www.lapresse.ca/actualites/education/201602/25/01-4954546-universites-818-000-en-bonis-illegaux.php

192 *Le Soleil*, 2 décembre 2015 : http://www.lapresse.ca/le-soleil/actualites/education/201512/02/01-4926960-luniversite-laval-sacrifie-trois-programmes.php

193 *Le Devoir*, 25 novembre 2015 : http://www.ledevoir.com/economie/actualites-economiques/456151/un-peuple-trop-instruit-et-trop-peu-qualifie

194 *Le Journal de Montréal*, 21 janvier 2016 : http://www.journaldemontreal.com/2016/01/21/le-cegep-trahi-par-une-cadre

195 TVA, 13 avril 2016, *op.cit.*

196 *La Presse*, 24 février 2016 : http://www.lapresse.ca/actualites/education/201602/24/01-4954017-laval-nouvelles-coupes-dans-les-services-aux-eleves-handicapes-ou-en-difficultes.php

197 *La Presse*, 19 avril 2016 : http://www.lapresse.ca/actualites/education/201604/19/01-4972812-integration-des-eleves-en-difficulte-des-enseignants-dechires-et-demunis.php

198 *Le Journal de Montréal*, 25 janvier 2016 : http://www.journaldemontreal.com/2016/01/25/les-profs-ont-la-vie-difficile

199 *Ibid.*

200 Ministère de l'éducation et de l'enseignement supérieur : http://www.education.gouv.qc.ca/

201 Radio-Canada, 29 juillet 2016 : http://ici.radio-canada.ca/regions/colombie-britannique/2016/07/29/006-juge-nutall-korody-arret-procedure.shtml

202 *La Presse,* 3 août 2016 : http://plus.lapresse.ca/
screens/4b872466-3b6f-4450-932e-6e99a2ac3044%7C_0.html

203 CBC News, 8 mai 2015 : http://www.cbc.ca/news/indigenous/
bill-c-51-has-potential-to-scoop-up-aboriginal-rights-
activists-1.3009664

204 Association canadienne des libertés civiles, 30 mars 2015 :
https://ccla.org/release-canadian-human-rights-organizations-
call-for-bill-c-51-to-be-withdrawn/?lang=fr

205 *Le Journal de Montréal,* 7 janvier 2015 : http://www.
journaldemontreal.com/2015/01/07/un-commentaire-de-
francois-legault-fait-reagir

206 Communiqué officiel de l'aile parlementaire de la Coalition
avenir Québec : https://nathalieroy.org/2016/08/10/
communique-le-gouvernement-doit-retirer-sa-subvention-et-
faire-preuve-de-plus-de-discernement-dit-la-caq/

207 Mississauga.com ; http://www.mississauga.com/news-
story/3123915-government-ends-funding-for-palestine-house/

208 Communiqué officiel de l'aile parlementaire de la Coalition
avenir Québec , *op.cit.*

209 Page facebook d'Éric Duhaime: https://www.facebook.com/
eduhaime/posts/1158060637587399

210 *Le Devoir,* 9 février 2016 : http://www.ledevoir.com/politique/
canada/462495/le-canada-retire-ses-avions-de-syrie-mais-gonfle-
ses-troupes

211 Radio-Canada, 16 septembre 2015 : http://ici.radio-canada.ca/
sujet/crise-migrants-europe/2015/09/16/001-migrants-crise-
theorie-complots-manipulation-mediatique.shtml

212 *Le Journal de Montréal,* 15 juin 2016 : http://www.
journaldemontreal.com/2016/06/15/faites-la-guerre-pas-lamour

213 *Le Journal de Montréal,* 22 mars 2016 : http://www.
journaldemontreal.com/2016/03/22/on-ne-declare-pas-la-paix-
on-declare-la-guerre

214 *Le Journal de Montréal,* 11 septembre 2016 : http://www.
journaldemontreal.com/2016/09/11/15-ans-plus-tard

215 *Le Journal de Montréal,* 26 février 2016 : http://www.
journaldemontreal.com/2016/02/26/commando-musulman-au-
cegep

216 http://www.theglobeandmail.com/news/politics/canada-now-
the-second-biggest-arms-exporter-to-middle-east-data-show/
article30459788/

217 *The Globe and Mail*, 12 juillet 2016 : http://www.lapresse.ca/actualites/politique/politique-canadienne/201608/27/01-5014763-une-relation-sciemment-soignee-avec-larabie-saoudite.php

218 Radio-Canada, 29 mars 2016 : http://ici.radio-canada.ca/nouvelles/politique/2016/03/29/001-stephane-dion-doctrine-conviction-responsable-arabie-saoudite-blindes.shtml

219 *Le Temps*, 25 novembre 2015 : https://www.letemps.ch/opinions/2015/11/24/arabie-saoudite-un-daech-reussi

220 ThinkProgress, 8 mars 2016 : https://thinkprogress.org/saudi-arabia-executed-its-70th-person-in-2016-70d746db29a4#.mgo5hn6hf

221 *The Intercept*, 15 août 2016 : https://theintercept.com/2016/08/15/doctors-without-borders-hospital-bombing-in-yemen-earns-rare-saudi-rebuke-at-state-department/

222 WEBER, Max, « Le métier et la vocation d'homme politique », *Le savant et le politique*, Munich, 1919, [en ligne], http://classiques.uqac.ca/classiques/Weber/savant_politique/Le_savant_et_le_politique.pdf

223 *La Presse*, Montréal, 11 mars 2016 : http://www.lapresse.ca/actualites/justice-et-affaires-criminelles/actualites-judiciaires/201603/11/01-4959619-trente-six-policiers-de-la-sq-accuses-au-criminel.php

224 *Enquête*, Radio-Canada, 22 octobre 2015 : http://ici.radio-canada.ca/tele/enquete/2015-2016/episodes/360817/femmes-autochtones-surete-du-quebec-sq

225 *Le Journal de Montréal*, 7 juin 2016 : http://www.journaldemontreal.com/2016/06/07/les-policiers-de-la-sq-songent-a-poursuivre-radio-canada

226 *La Presse*, 3 juin 2016 : http://www.lapresse.ca/actualites/justice-et-affaires-criminelles/201606/03/01-4988060-allegations-dabus-de-femmes-a-val-dor-le-dpcp-a-demande-des-complements-denquete.php

227 *Enquête*, Radio-Canada, 22 octobre 2015, *op.cit.*

228 *La Presse*, Montréal, 17 août 2016 : http://www.lapresse.ca/actualites/201608/17/01-5011378-femmes-autochtones-disparues-quebec-agit-pour-faciliter-lenquete.php

229 *Journal Métro*, 20 janvier 2016 : http://journalmetro.com/local/montreal-nord/actualites/906695/comparution-de-gilles-deguire-accuse-officiellement-dagression-sexuelle/

230 *Journal Métro*, 11 février 2016 : http://journalmetro.com/actualites/montreal/915975/lex-maire-gilles-deguire-touche-une-prime-de-depart-de-146-000/

231 *La Presse*, 8 juillet 2016 : http://www.lapresse.ca/actualites/
justice-et-affaires-criminelles/affaires-criminelles/201607/08/01-
4999048-spvm-les-quatre-policiers-pieges-par-un-agent-double-
de-la-grc.php

232 *Le Journal de Montréal*, 7 juillet 2016 : http://www.
journaldemontreal.com/2016/07/07/deux-enqueteurs-du-spvm-
accuses-au-criminel

233 *Le Devoir*, Montréal, 8 juillet 2016 : http://www.ledevoir.com/
societe/actualites-en-societe/474983/deux-policiers-du-spvm-
accuses

234 Radio-Canada, 26 mai 2016 : http://ici.radio-canada.ca/
nouvelles/societe/2016/05/26/003-trudeau-stefanie-peine-voies-
fait-douze-mois-prison.shtml

235 *Le Journal de Montréal*, 26 mai 2016 : http://www.
journaldemontreal.com/2016/05/26/matricule-728-condamnee-
a-des-travaux-communautaires

236 *La Presse*, 2 mars 2016 : http://www.lapresse.ca/actualites/
montreal/201603/01/01-4956370-retraitee-stefanie-trudeau-
touche-une-pleine-pension.php

237 *Le Journal de Montréal*, 17 mai 2016 : http://www.
journaldemontreal.com/2016/05/17/deux-policiers-de-montreal-
ont-cree-un-petit-empire-de-limmobilier

238 *Ibid.*

239 *Le Devoir*, 22 juin 2016 : http://www.ledevoir.com/societe/
justice/473972/enquete-criminel-la-fraternite-des-policiers-exige-
le-deplacement-de-costa-labos

240 *La Presse*, 23 septembre 2016 : http://www.lapresse.
ca/actualites/justice-et-affaires-criminelles/actualites-
judiciaires/201609/23/01-5023613-pas-daccusations-
criminelles-contre-linspecteur-chef-du-spvm.php

241 *Le Soleil*, 6 janvier 2016 : http://www.lapresse.ca/le-soleil/justice-
et-faits-divers/201601/06/01-4937327-la-ville-de-quebec-
congedie-un-policier-accuse-de-trafic-de-cocaine.php

242 *Le Courier du Sud*, 23 août 2016 : http://www.lecourrierdusud.
ca/faits-divers/2016/8/23/un-policier-coupable-de-negligence-
pour-avoir-tire-sur-une-voitu.html

243 *Le Courier du Sud*, 22 avril 2016 : http://www.lecourrierdusud.
ca/faits-divers/justice/2016/4/22/un-policier-lui-tire-dessus-
pour-un---stop-americain--.html

244 Radio-Canada, 6 avril 2016 : http://ici.radio-canada.ca/
nouvelles/International/2016/04/06/005-policiers-haiti-abus-
exploitation-sexuelle-haiti-spvm-sq.shtml

245 *Le Devoir*, 29 juillet 2016 : http://www.ledevoir.com/societe/
justice/476632/inconduite-sexuelle-un-policier-quebecois-
deploye-a-haiti-evite-le-processus-disciplinaire

246 *La Presse*, 19 avril 2016 : http://www.lapresse.ca/actualites/
montreal/201604/18/01-4972671-femmes-emechees-dans-une-
auto-patrouille-deux-policiers-suspendus.php

247 *Journal Métro*, 22 décembre 2015 : http://journalmetro.com/
local/le-plateau-mont-royal/actualites/895231/deux-agents-du-
spvm-recoivent-des-sanctions-exemplaires/

248 Radio-Canada, Montréal, 27 août 2016 : http://ici.radio-canada.
ca/regions/montreal/2016/08/27/002-police-montreal-surete-
quebec-port-hijab.shtml

249 *La Presse*, Montréal, 4 avril 2016 : http://www.lapresse.
ca/actualites/justice-et-affaires-criminelles/actualites-
judiciaires/201604/04/01-4967393-frappe-du-spvm-lhomme-
atteint-dune-balle-de-plastique-est-mort.php

250 *Journal Métro*,19 juillet 2016 : http://journalmetro.com/local/
montreal-nord/actualites/995340/un-temoin-raconte-la-frappe-
ou-jean-pierre-bony-a-trouve-la-mort/

251 Coalition contre la Répression et les Abus Policier (CRAP) :
https://lacrap.org/mourir-dune-bavure-policiere-a-montreal-nord

252 Collectif opposé à la brutalité policière (COBP) : https://cobp.
resist.ca/documentation/une-arme-l-talit-r-duite-tu-jean-pierre-
bony-montr-al-nord-r-agit

253 *Le Journal de Montréal*, 7 avril 2016 : http://www.
journaldemontreal.com/2016/04/07/ses-deux-fils-abattus-par-
des-policiers-blancs

254 *Ibid.*

255 *TVA Nouvelles*, 15 mai 2016 : http://www.tvanouvelles.
ca/2016/05/15/la-police-autochtone-de-lac-simon-reprendra-du-
service-au-debut-juin

256 Radio-Canada, 26 juillet 2016 : http://ici.radio-canada.ca/
regions/ottawa/2016/07/26/005-recueillement-mort-homme-
somalie-police-ottawa.shtml

257 Radio-Canada, 24 juillet 2016 : http://ici.radio-canada.ca/
regions/ottawa/2016/07/24/003-unite-enquete-speciale-siu-
incident-police-ottawa.shtml

258 *Le Journal de Montréal*, 25 avril 2016 : http://www.
journaldemontreal.com/2016/04/25/enquete-independante-a-la-
suite-dune-intervention-du-spvm-dans-lest-de-montreal

259 *Le Devoir*, Montréal, 26 avril 2016 : http://www.ledevoir.com/
societe/justice/469180/montreal-un-homme-decede-par-balle-
malgre-l-utilisation-du-taser

260 *Le Devoir*, 24 décembre 2015 : http://www.ledevoir.com/societe/actualites-en-societe/458828/arrete-pour-des-photos

261 Radio-Canada, 21 décembre 2015 : http://ici.radio-canada.ca/regions/montreal/2015/12/21/003-katie-nelson-manifestation-etudiante-spvm-police-infiltration-agression.shtml

262 Radio-Canada, 23 août 2013 ; http://ici.radio-canada.ca/regions/Montreal/2013/08/23/005-katie-nelson-printemps-erables-spvm-poursuites-profilage-politique.shtml

263 *Ibid.*

264 Solidarité sans frontières, 10 juin 2016 : http://www.solidarityacrossborders.org/fr/francais-une-trentaine-de-militant-es-de-solidarite-sans-frontieres-ont-occupe-et-perturbe-pour-la-journee-les-activites-de-lagence-des-services-frontaliers-du-canada

265 Radio-Canada, 31 août 2016 : http://ici.radio-canada.ca/nouvelles/societe/2016/08/31/002-hells-angels-sharqc-peines-reduites-cour-appel-quebec.shtml

266 *Le Journal de Montréal*, 3 juin 2016 : http://www.journaldemontreal.com/2016/06/03/18-hells-angels-liberes-dun-seul-coup

267 Fonctions du DPCP : http://www.dpcp.gouv.qc.ca/dpcp/fonctions_du_directeur/index.aspx

268 *Le Devoir*, 29 octobre 2015 : http://www.ledevoir.com/politique/quebec/453790/directeur-des-poursuites-criminelles-independance

269 ROBERT, Véronique, *Le droit au silence*, 23 août 2016 : http://droitcriminel.blogspot.ca/2016/08/richard-bain-coupable-de-meurtre-au.html

270 *La Presse*, 6 septembre 2012 : http://www.lapresse.ca/actualites/elections-federales/enjeux/justice/201209/06/01-4571493-metropolis-larme-du-tireur-sest-enrayee-apres-un-coup-de-feu.php?utm_categorieinterne=trafficdrivers&utm_contenuinterne=cyberpresse_vous_suggere_4571670_article_POS3

271 Radio-Canada, 24 août 2016 : http://ici.radio-canada.ca/nouvelles/societe/2016/08/24/001-richard-henry-bain-terrorisme-accusations-dpcp-galiatsatos-lisee-desgagnes.shtml

272 Code criminel du Canada : http://laws-lois.justice.gc.ca/fra/lois/c-46/page-12.html#h-25

273 *Presse*, 24 août 2016 : http://www.lapresse.ca/actualites/justice-et-affaires-criminelles/proces/201608/24/01-5013586-verdict-de-richard-bain-gaetan-barrette-seme-la-controverse.php

274 Nathalie Sarraute, *L'usage de la parole*, Paris, Gallimard, 1983.

275 Radio-Canada, 24 novembre 2015: http://ici.radio-canada.ca/nouvelles/societe/2015/11/24/007-enfants-canada-pauvrete-rapport-campagne-2000-autochtones.shtml

276 *La Presse,* 2 septembre 2016 : http://www.lapresse.ca/actualites/national/201609/02/01-5016701-des-initiatives-pour-lutter-contre-la-pauvrete-testees-dans-six-villes.php

277 Radio-Canada*, ibid.*

278 Radio-Canada*, idem.*

279 *Huffington Post,* 9 février 2016 : http://quebec.huffingtonpost.ca/2016/02/09/fugues-centre-jeunesse-laval-quebec-nouvelles-mesures_n_9194540.html

280 Radio-Canada, 6 février 2016 : http://ici.radio-canada.ca/regions/Montreal/2016/02/06/003-kekpart-exploitation-sexuelle.shtml

281 *Le Journal de Montréal,* 16 février 2016 : http://www.journaldemontreal.com/2016/02/16/26m-pour-le-zoo-3m-pour-les-filles

282 *Le Devoir,* 10 mars 2016 : http://www.ledevoir.com/politique/quebec/465087/prisonnier-au-temps-de-l-austerite

283 *Ibid.*

284 *Idem.*

285 *Idem.*

286 *Revue l'Esprit libre,* 26 mai 2016 : http://revuelespritlibre.org/de-tanguay-leclerc-un-transfert-de-detenues-controverse

287 *Le Devoir,* 7 juin 2016 : http://www.ledevoir.com/politique/quebec/472802/femmes-detenues-a-leclerc-des-groupes-demandent-a-couillard-d-interceder

288 *Le Devoir,* 13 avril 2016 : http://www.ledevoir.com/societe/justice/467956/suicide-d-une-prisonniere

289 Le Protecteur du citoyen, 18 février 2016 : https://protecteurducitoyen.qc.ca/fr/a-propos/discours/rapport-conditions-de-detention-nunavik

290 *Huffington Post,* 19 avril 2016 : http://quebec.huffingtonpost.ca/2016/04/19/violence-du-gouvernement-envers-les-femmes-carole-poirier-precise-ses-propos_n_9728418.html

291 *Ibid.*

292 *L'Actualité,* 2 août 2016 : http://www.lactualite.com/politique/deputees/

293 *Le Journal de Québec,* 26 janvier 2016: http://www.journaldequebec.com/2016/01/26/remaniement-ministeriel-jeudi-a-quebec

294 *Ibid.*

295 *Décider entre hommes*, 29 janvier 2016 : https://www.facebook.com/deciderentrehommes/

296 *La Presse*, 10 mai 2016 : http://plus.lapresse.ca/screens/bb09f867-ba2b-422b-8d37-2c1116934b04|_0.html

297 *Le Devoir*, 10 mai 2016 : http://www.ledevoir.com/societe/education/470450/universite-une-personne-sur-trois-a-ete-victime-de-violence-sexuelle

298 *La Presse*, 24 septembre 2016 : http://www.lapresse.ca/actualites/education/201609/24/01-5023951-initiations-a-ludem-tu-te-sens-presque-obligee-de-te-deshabiller.php

299 *La Presse*, 25 septembre 2016 : http://plus.lapresse.ca/screens/7d3de90d-6544-491c-938e-11897b51db3c%7C_0.html

300 *Ibid.*

301 *La Presse*, 21 septembre 2016 : http://www.lapresse.ca/actualites/national/201609/21/01-5022882-des-amis-et-collegues-de-homa-hoodfar-reclament-de-nouveau-sa-liberation.php

302 *Le Devoir*, 27 septembre 2016 : http://www.ledevoir.com/societe/actualites-en-societe/480909/hoodfar-a-ete-interrogee-sur-ses-ecrits-feministes

303 *Le Devoir*, 1 mars 2016: http://www.ledevoir.com/politique/quebec/464269/feminisme-plus-qu-une-etiquette

304 *Ibid.*

305 *Le Devoir*, 1er mars 2016 : http://www.ledevoir.com/politique/quebec/464257/au-tour-de-stephanie-vallee-de-refuser-l-etiquette-feministe

306 *Avenues*, 15 juin 2016 : http://avenues.ca/chroniques/egalite-femmes-creation-on-repassera/

307 *La Presse*, 15 juin 2016 : http://plus.lapresse.ca/screens/ddf904fe-42cf-47a4-ae99-c88ef81a0698%7C_0.html

308 *La Presse*, 24 septembre 2016 : http://plus.lapresse.ca/screens/b65f2807-1720-4922-809d-f7725ac924d9%7C_0.html

309 *Ibid.*

310 *Le Journal de Montréal,* 13 juin 2016 : http://www.journaldemontreal.com/2016/06/13/les-femmes-sous-representees-dans-la-culture-quebecoise

311 *Huffington Post*, 18 janvier 2016 : http://quebec.huffingtonpost.ca/marilyse-hamelin/funerailles-nationales-un-privilege-reserve-aux-hommes_b_9012378.html

312 *La Presse*, 26 mai 2016 : http://plus.lapresse.ca/screens/
ccf180bf-88b5-479f-b2ee-9a12d06d62a8|_0.html

313 *Le Soleil*, 2 décembre 2015 : http://www.lapresse.ca/le-soleil/
actualites/societe/201512/02/01-4927289-mieux-vaut-etre-
blanc-pour-obtenir-un-emploi-a-quebec.php

314 Chambre du commerce de Montréal métropolitain,
25 mai 2016 : http://www.ccmm.qc.ca/fr/devoilement_etude_
immagrants/

315 *Le Soleil*, 2 décembre 2015 : http://www.lapresse.ca/le-soleil/
actualites/societe/201512/02/01-4927289-mieux-vaut-etre-
blanc-pour-obtenir-un-emploi-a-quebec.php

316 IRIS, 27 septembre 2016 : http://iris-recherche.qc.ca/
publications/inegalites-3

317 Radio-Canada, 27 septembre 2016 : http://ici.radio-canada.
ca/nouvelles/Economie/2016/09/27/001-etude-iris-
discrimination-immigrants-emploi-salaire.shtml

318 Radio-Canada, 21 janvier 2016: http://ici.radio-canada.
ca/nouvelles/national/2016/01/21/001-minorites-visibles-
employes-quebec.shtml

319 Radio-Canada, 21 janvier 2016: http://ici.radio-canada.
ca/nouvelles/national/2016/01/21/001-minorites-visibles-
employes-quebec.shtml

320 *Journal Métro*, 19 juillet 2016 : http://journalmetro.com/local/
montreal-nord/actualites/995340/un-temoin-raconte-la-
frappe-ou-jean-pierre-bony-a-trouve-la-mort/

321 *Journal Métro*, 20 avril 2016 : http://journalmetro.com/local/
montreal-nord/actualites/951183/un-appel-a-la-fin-du-
racisme-anti-noir-au-quebec-lance/

322 *Huffington Post*, 22 avril 2016 : http://quebec.huffingtonpost.ca/
will-prosper/racisme-systemique-quebec-quebecois-spvm-
profilage-racial-minorites_b_9707030.html

323 *The Link Newspaper*, 19 avril 2016: http://thelinknewspaper.ca/
article/understanding-systemic-racism-in-quebec

324 Radio-Canada, décembre 2015 : http://ici.radio-canada.
ca/nouvelles/special/2015/10/cindy-ruperthouse-femmes-
autochtones/index.html

325 *La Presse*, 7 août 2016 : http://www.lapresse.ca/debats/
editoriaux/ariane-krol/201608/04/01-5007259-commission-
sur-les-femmes-autochtones-disparues-des-verites-qui-
derangeront.php

326 Radio-Canada, 21 septembre 2016 : http://ici.radio-canada.ca/
nouvelles/International/2016/09/21/012-banques-canadiennes-
bahamas-leaks-rbc-cibc-scotia.shtml

327   Blogue de Léo-Paul Lauzon, texte de Frédéric Rogenmoser, *Le Journal de Montréal*, 19 avril 2016 : http://www.journaldemontreal.com/2016/04/19/les-banques-et-les-paradis-fiscaux

328   *La Presse*, 28 octobre 2015 : http://www.lapresse.ca/le-soleil/affaires/actualite-economique/201510/27/01-4914596-les-banques-reiterent-leur-refus-de-se-presenter-a-la-commission-sur-les-paradis-fiscaux.php

329   *Le Devoir*, 18 novembre 2015 : http://www.ledevoir.com/economie/actualites-economiques/455502/paradis-fiscaux-les-banques-plaident-coupables-avec-circonstances-attenuantes

330   *Le Devoir*, 13 mai 1016 : http://www.ledevoir.com/economie/actualites-economiques/470834/paradis-fiscaux-c-est-pas-de-notre-faute-disent-les-comptables

331   La Presse canadienne, 12 avril 2016 : http://www.lapresse.ca/actualites/politique/politique-canadienne/201604/11/01-4969898-evasion-fiscale-ottawa-compte-recuperer-26-milliards.php

332   Radio-Canada, 8 mars 2016 : http://ici.radio-canada.ca/nouvelles/societe/2016/03/08/001-agence-revenu-canada-millionnaires-paradis-fiscaux.shtml

333   Radio-Canada, 12 février 2015 : http://ici.radio-canada.ca/nouvelles/societe/2015/02/12/004-comptes-bancaires-quebecois-suisse-enquete.shtml

334   *Le Soleil*, 6 mai 2016 : http://www.lapresse.ca/le-soleil/affaires/actualite-economique/201605/06/01-4978965-panama-papers-le-fisc-quebecois-sort-les-crocs-contre-la-banque-royale.php

335   *TVA Nouvelles*, 1er février 2016 : http://www.tvanouvelles.ca/2016/02/01/des-ex-verificateurs-confirment-lexistence-de-quotas

336   *Le Devoir*, 14 mai 2016 : http://www.ledevoir.com/economie/actualites-economiques/470911/perspectives-chasses-du-paradis

337   *La Presse*, 30 septembre 2016 : http://www.lapresse.ca/actualites/201609/30/01-5025980-mitch-garber-paiera-plus-de-100-millions-en-impots.php

338   *Le Devoir*, 15 septembre 2016 : http://www.ledevoir.com/culture/actualites-culturelles/480013/art-de-rue-les-levres-a-l-oeil

339   *Le Journal de Montréal*, 4 juin 2016 : http://www.journaldemontreal.com/2016/06/04/les-femen-vont-recidiver-pendant-le-grand-prix

340 *Journal Métro*, 4 octobre 2016 : http://journalmetro.com/
actualites/montreal/1031405/les-femmes-autochtones-
maintiennent-la-pression/

341 *Le Devoir*, 23 septembre 2016 : http://www.ledevoir.com/
environnement/actualites-sur-l-environnement/480630/
cinquante-premieres-nations-s-unissent-contre-les-sables-
bitumineux

342 Radio-Canada, 29 mai 2016 : http://ici.radio-canada.ca/
regions/est-quebec/2016/05/29/002-marche-peuples-gaspesie-
hydrocarbures.shtml

343 Radio-Canada, 20 juin 2016 : http://ici.radio-canada.ca/
regions/est-quebec/2016/06/20/004-jean-amour-point-presse-
annulation-gaspe.shtml

344 *Le Devoir*, 8 décembre 2015 : http://www.ledevoir.com/
environnement/actualites-sur-l-environnement/457298/des-
manifestants-s-enchainent-a-une-valve-de-la-ligne-9b-d-enbridge

345 *Montréal Contre-Information*, 2016 : https://mtlcounter-info.
org/wp-content/uploads/2016/01/enbridgeagain.pdf

346 Radio-Canada, 28 août 2016 : http://ici.radio-canada.ca/audio-
video/media-7586016/energie-est-grabuge-aux-audiences-de-
lone

347 Radio-Canada, 24 août 2016 : http://ici.radio-canada.ca/
regions/est-quebec/2016/08/24/002-gaspesie-occupation-caisse-
depot-port-daniel-cimenterie.shtml

348 *Le Journal de Montréal*, 16 juillet 2016 : http://www.
journaldemontreal.com/2016/07/16/des-cyclistes-nus-au-centre-
ville-de-montreal-samedi

349 *Journal Métro*, 13 mai 2016 : http://journalmetro.com/local/
hochelaga-maisonneuve/actualites/963816/occupations-de-
terrains-pour-reclamer-du-logement-social/

350 *Journal Métro*, 31 mai 2016 : http://journalmetro.com/
actualites/montreal/971757/une-dizaines-dincidents-anti-
embourgeoisement-a-montreal-depuis-2012/

351 *Le Huffington Post*, 16 août 2016 : http://quebec.huffingtonpost.
ca/2016/08/16/anonymous-sempare-du-site-de-lassociation-des-
firmes-de-genie-conseil-du-quebec_n_11546298.html

352 *Le Devoir*, 17 juin 2016 : http://www.ledevoir.com/politique/
quebec/473701/philippe-couillard-evacue-de-la-veillee-pour-les-
victimes-d-orlando

353 *La Presse*, 26 novembre 2015 : http://www.lapresse.ca/
actualites/201511/25/01-4924877-un-syndicat-approuve-la-
desobeissance-civile.php

354 *Le Devoir*, 28 août 2016 : http://www.ledevoir.com/societe/
education/478724/rentree-scolaire-les-chaines-humaines-
reprendront-pour-exiger-du-financement

355 *Le Devoir*, 5 octobre 2016 : http://www.ledevoir.com/societe/
actualites-en-societe/481591/uber-le-front-commun-du-taxi-
manifeste

356 TVA, 18 février 2016 : http://www.tvanouvelles.ca/2016/02/18/
des-oeufs-et-de-la-farine-sur-une-voiture-uber

357 Radio-Canada, 29 avril 2015 : http://blogues.radio-canada.ca/
geraldfillion/2015/04/29/la-desobeissance-civile-duberx/

358 Commission des droits de la personne et des droits de la jeunesse,
décembre 2015 : http://www.crdp.umontreal.ca/docs/2016/01/
Rapport_Final_Diversite_Droits_Commission_2016.pdf

359 *Le Devoir*, 17 mai 2016 : http://www.ledevoir.com/politique/
quebec/471101/droit-de-manifester-l-article-500-1-du-code-de-
la-securite-routiere-est-invalide-en-attendant-sa-reecriture

360 *Ricochet*, 2 août 2016 : https://ricochet.media/fr/1300/P-6-et-
litineraire-pourquoi-entre-autres-raisons-nous-irons-en-appel

361 *La Presse*, 17 septembre 2016 : http://www.lapresse.ca/
le-soleil/actualites/societe/201609/17/01-5021671-
le-droit-de-manifester-un-enjeu.php?_branch_match_
id=306104826554542394

362 *Le Devoir*, 23 juin 2016 : http://www.ledevoir.com/politique/
montreal/474042/p-6-la-cour-superieure-invalide-deux-
amendements

TABLE

Un peuple à genoux 2016
composé en Garamond Premier Pro corps 11 points
a été imprimé sur les presses de l'imprimerie Gauvin,
à Gatineau,
au mois d'octobre deux mille seize

Un papier contenant 100 % de fibres
postconsommation a été utilisé pour
les pages intérieures

Imprimé au Québec (Canada)